머리말

문해력, 도대체 뭐길래 문해력이 필요하다고 할까요?

문해력은 글을 읽고 쓰는 힘이에요. 하지만 문해력은 단지 글을 읽고 쓰는 것에 그치지 않아요. 사람은 글을 읽고 쓰는 힘으로 공부도 하고 일도 하며, 중요한 문제를 해결하고 합리적인 의사 결정을 해요. 살아가는 동안 좋은 문해력을 갖출 수 있다면, 누구나 스스로를 믿을 수 있는 사람, 활기차게 새로운 배움의 길에 들어설 수 있는 사람, 능동적인 앎의 과정에 몰입할 수 있는 사람이 될 수 있어요.

『초등 문해력 권법 일력』은 매일 열심히 읽고 쓰고 싶은 마음이 고루 자라날 수 있도록 문해력 학습의 원리를 짜임새 있게 엮었어요. 다양한 주제와 형식의 글, 생각과 질문을 자극하는 글, 훑어보기보다는 꼼꼼하게 읽어야 하는 글, 생각을 도와주는 어휘가 가득해요. 문해력의 재료를 쌓기 위해 글 읽기에 필요한 어휘와 속담, 사자성어 등을 틈틈이 익힐 수 있게 몇 가지 장치도 만들었어요. 스스로 문해력 습관을 돌아볼 수 있게 메타 인지를 자극하는 체크리스트도 수록했지요.

문해력을 공부하는 일이 쉽지 않을 수 있어요. 그때 『초등 문해력 권법 일력』과 함께 한다면 꾸준하게 문해력을 공부할 수 있을 거예요. 가족 모두가 볼 수 있는 곳에 두고 푼다면, 모두의 문해력이 함께 자라는 즐거운 문해 경험을 할 수 있어요.

문해력, 어렵다고 생각하지 말고 『초등 문해력 권법 일력』으로 시작해 볼까요?

조병영, 이형래, 이천희

등장인물

나는야 세계 최고 문해력 고수!

조고수

타의 추종을 불허할 정도의 뛰어난 문해력 실력을 가지고 있지만 유머 실력은 제로. 그럼에도 불구하고 사람들을 웃기고 싶어 하는 개그 욕심의 소유자이다. 먼솔이, 먼말이 쌍둥이에게 '문해력 권법'을 가르친다.

먼말이

머리보다 몸이 먼저 움직이는 활발한 친구로, 노는 게 세상에서 제일 좋다. 공부에는 관심이 하나도 없다. 가끔은 엉뚱하면서도 뻔뻔한 모습으로 조고수와 먼솔이를 당황하게 한다. 이래 봬도 나름 멋 부리는 걸 좋아하는 패셔니스타!

노는 게 세상에서 제일 좋아!

왜 책을 읽어도 성적이 안 오르지?

먼솔이

쌍둥이 형인 먼말이와는 극과 극. 낯을 많이 가리고 부끄러움을 많이 타서 집에서 조용히 책 읽는 것을 좋아한다. 하지만 시험만 보면 뒤에서 1등. 아무리 책을 읽어도 성적이 오르지 않아 먼말이와 함께 조고수를 찾아갔다. 과연 먼솔이의 성적은 오를 것인가?

이 책의 활용 방법

❶ 흥미롭고 다양한 주제의 글, 일상생활 속에서 쉽게 접할 수 있는 글을 읽으며 문해력을 익혀요.

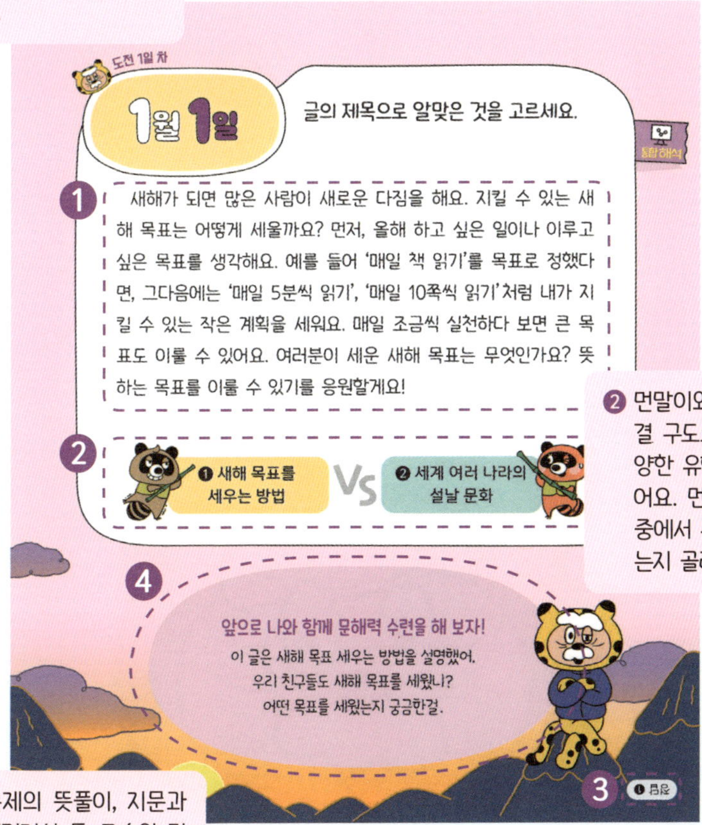

도전 1일 차

1월 1일

글의 제목으로 알맞은 것을 고르세요.

1
새해가 되면 많은 사람이 새로운 다짐을 해요. 지킬 수 있는 새해 목표는 어떻게 세울까요? 먼저, 올해 하고 싶은 일이나 이루고 싶은 목표를 생각해요. 예를 들어 '매일 책 읽기'를 목표로 정했다면, 그다음에는 '매일 5분씩 읽기', '매일 10쪽씩 읽기'처럼 내가 지킬 수 있는 작은 계획을 세워요. 매일 조금씩 실천하다 보면 큰 목표도 이룰 수 있어요. 여러분이 세운 새해 목표는 무엇인가요? 뜻하는 목표를 이룰 수 있기를 응원할게요!

2
❶ 새해 목표를 세우는 방법 VS ❷ 세계 여러 나라의 설날 문화

❷ 먼말이와 먼솔이의 대결 구도로 이루어진 다양한 유형의 문제를 풀어요. 먼말이와 먼솔이 중에서 누구의 답이 맞는지 골라 보세요.

4
앞으로 나와 함께 문해력 수련을 해 보자!
이 글은 새해 목표 세우는 방법을 설명했어.
우리 친구들도 새해 목표를 세웠니?
어떤 목표를 세웠는지 궁금한걸.

3 정답

❹ 어휘와 문제의 뜻풀이, 지문과 관련된 배경지식 등 고수의 팁을 읽으며 지문의 내용을 더욱 깊이 이해할 수 있어요.

❸ 문제의 정답을 확인해요.

일상생활에서 말귀도 못 알아듣고, 말도 못 하고,
글도 이해 못 하는 먼말이, 먼솔이.

그 모든 원인은 문해력이 부족하기 때문!
문해력 실력을 키우기 위해서 재야의 조고수를 찾아간다….

과연 먼말이, 먼솔이는 문해력 수련을 받고
문해력을 정복할 수 있을까?

허허허, 어서 오너라.
나와 함께 수련할 준비가 되었느냐?

글의 제목으로 알맞은 것을 고르세요.

　새해가 되면 많은 사람이 새로운 다짐을 해요. 지킬 수 있는 새해 목표는 어떻게 세울까요? 먼저, 올해 하고 싶은 일이나 이루고 싶은 목표를 생각해요. 예를 들어 '매일 책 읽기'를 목표로 정했다면, 그다음에는 '매일 5분씩 읽기', '매일 10쪽씩 읽기'처럼 내가 지킬 수 있는 작은 계획을 세워요. 매일 조금씩 실천하다 보면 큰 목표도 이룰 수 있어요. 여러분이 세운 새해 목표는 무엇인가요? 뜻하는 목표를 이룰 수 있기를 응원할게요!

 ❶ 새해 목표를 세우는 방법 ❷ 세계 여러 나라의 설날 문화

앞으로 나와 함께 문해력 수련을 해 보자!
이 글은 새해 목표 세우는 방법을 설명했어.
우리 친구들도 새해 목표를 세웠니?
어떤 목표를 세웠는지 궁금한걸.

도전 2일 차

1월 2일

탐색확인

일기 예보를 보고 내용에 알맞으면 O, 알맞지 않으면 X 하세요.

❶ 이번 주에는 금요일 오전이 제일 춥다. ( )
❷ 이번 주에는 일요일 오후에 날씨가 제일 덥다. ( )
❸ 화요일에는 비가 내리므로 우산을 챙기는 것이 좋다. ( )

**일기 예보를 잘 읽으면
어떤 날씨에도 잘 준비할 수 있어.**

그러려면 글, 그림, 숫자 모두 꼼꼼하게 읽어야 해.
어디 보자. 금요일 아침엔 따뜻하게 옷을 여러 겹 입어야겠네.
평일 오전 중에서 기온이 가장 낮으니까. 그리고 화요일에는
비가 아니라 눈이 내릴 예정이야. 아무래도
눈사람 만들 준비를 해야겠군.

정답 ❶ O ❷ O ❸ X

도전 3일 차

1월 3일

다음 상황에 어울리는 사자성어를 고르세요.

어휘지식

❶ 작심삼일 VS ❷ 팔방미인

'사자성어'란 네 글자로 이루어진 말이야.
복잡한 뜻도 간단하게 표현할 수 있어.
'작심삼일'은 단단히 먹은 마음이 사흘(3일)을 가지 못한다는 뜻이야.
무엇이든 잘하는 사람인 '팔방미인'과는 뜻이 다르지.
우리 오늘부터 '작심삼일' 하지 말고, 365일 동안
나와 매일 만나며 '문해력 팔방미인'이 돼 보자고!

정답 ❶

도전 4일 차

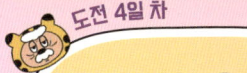

1월 4일

글의 중심 소재로 알맞은 것을 고르세요.

분석 평가

　'자율 주행 자동차'는 사람의 도움 없이 스스로 운전하는 자동차예요. 이 자동차는 여러 종류의 센서와 카메라를 사용해서 도로 상황을 인식하고, 주변의 다른 차나 사람을 피할 수 있어요. 또한, 위치 추적 기능을 이용해 원하는 목적지까지 안전하게 이동할 수 있어요. 자율 주행 자동차가 발전하면 교통사고 발생을 줄일 수 있어요. 미래에는 자율 주행 자동차가 흔히 사용되어 더 안전하고 편리하게 이동할 수 있을 거예요.

❶ 교통사고의 발생　VS　❷ 자율 주행 자동차

문해력은 소재 파악이야!
그렇다면 '소재'란 무엇일까?
'소재'란 글의 재료를 말해. 글에서 중요하게 다루는 물건이나 사람도 소재가 될 수 있어.
글의 소재를 파악하면 글의 내용을 더 잘 이해할 수 있을 거야.

1월 5일

빈칸에 들어갈 알맞은 단어를 고르세요.

먼말이는 먼솔이보다 키가 ☐ .

❶ 적다   VS   ❷ 작다

정말 '아' 다르고 '어' 다르네!
문해력은 말들의 작은 차이를 아는 거야.
'작다'는 길이, 넓이, 부피가 작다고 할 때 사용해.
'적다'는 양이나 정도가 적을 때 사용하지. 먼말이보다
먼솔이가 밥을 적게 먹지만 키는 먼말이가 먼솔이보다 작아.
왜 그런 걸까? 미스터리군!

도전 6일 차

1월 6일

도서관 이용 안내문을 읽고 알맞게 이해한 친구를 고르세요.

활용 적용

도서관 이용 안내

이용 시간

구분	학기 중	방학 중
열람 시간	09:00~16:30	10:00~17:00

이용 안내

구분	학생	교직원	학부모
대출 권 수	5권	10권	10권
대출 기간	7일	7일	7일

 ❶ 방학에도 학기 중과 같은 시간에 도서관을 이용할 수 있다.

❷ 학생, 학부모, 교사 모두 책을 빌려 가는 기간은 똑같다.

문해력이 좋으면 도서관도 잘 이용할 수 있어!

도서관은 책을 빌릴 수 있는 곳이야. 도서관을 내 집처럼 편안하게 이용하려면 안내문을 잘 읽어야 해. 다들 도서관에 한 번쯤은 가 봤겠지? 도서관에서 책도 읽고 문해력도 키우자!

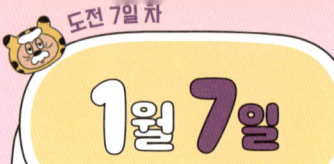

다음 관용어의 뜻으로 알맞은 것을 고르세요.

손이 크다

❶ 손바닥이 두껍다.   VS   ❷ 씀씀이가 후하고 크다.

'관용어'란 둘 이상의 낱말이 어울려 원래의 뜻과 전혀 다른 새로운 뜻으로 쓰이는 걸 말해.
여기서 '손이 크다'는 정말 손이 큰 게 아니라 '돈이나 물건, 마음을 크게 쓴다'는 의미야. 우리 할머니 손은 실제로는 작지만, 언제나 음식이나 마음을 넉넉히 나누어 주셔. 그래서 할머니는 손이 크시지!

도전 8일 차
1월 8일

글을 읽고 화폐의 위조와 변조를 막기 위한 장치로 알맞은 것을 모두 고르세요.

모든 화폐에는 위조와 변조를 막기 위한 다양한 장치가 있어요. 예를 들어 우리나라의 5만 원짜리 지폐에는 홀로그램, 은선, 숨은 그림 등이 있지요. 은선은 보는 각도에 따라 반짝이며, 숨은 그림은 지폐를 빛에 비추면 보여요. 홀로그램은 특정한 각도에서만 보이는 그림이고요. 또한, 피부로 느낄 수 있는 특별한 인쇄 방법도 사용해요. 이런 다양한 장치는 지폐를 안전하게 보호하고, 위조와 변조를 어렵게 만들어요.

❶ 홀로그램   ❷ 숨은 그림   ❸ 위인

종이돈에 숨겨진 비밀을 찾아라!

'위조'는 처음부터 진짜처럼 보이는 가짜를 만드는 거고, '변조'는 원래 있던 것을 꾸며 가짜를 만드는 거야. 훌륭한 위인의 모습이 있다고 항상 진짜 돈은 아닌 거지! 자, 내가 가진 돈을 꺼내서 화폐의 비밀 장치들을 한번 찾아볼까?

도전 9일 차

1월 9일

과자 포장지를 보고 내용에 알맞으면 O, 알맞지 않으면 X 하세요.

탐색 확인

❶ 이 과자에는 실제로 두부가 들어간다. ( )

❷ 매운 것을 못 먹는 친구들도 먹을 수 있다. ( )

❸ 이 과자의 소비 기한은 2025년 10월 31일까지다. ( )

똑똑하게 물건을 사려면 문해력이 필요해.
우리가 먹는 과자, 아이스크림, 사탕, 초콜릿 포장지도 잘 읽어야 해.
음식의 용량은 얼마인지, 만든 재료는 무엇인지,
소비 기한은 언제까지인지 알 수 있기 때문이야.
앞으로 과자 봉지도 눈을 부릅뜨고 읽어 보자고!

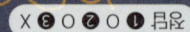

도전 10일 차 · 1월 10일

빈칸에 들어갈 알맞은 단어를 고르세요.

어휘지식

☐ 을 하지 않고 골고루 먹어야 한다.

① 편견 VS ② 편식

'골고루 먹다'의 반대를 생각해 봐!

'편식'은 음식을 골고루 먹지 않고 자기 입맛에 맞는 음식만 먹는 기울어진 식습관을 말해. '편견'은 공정하지 못하고 한쪽으로 기울어진 생각이지. 먹는 것도 생각하는 것도 골고루 하는 게 좋아! 우리 문해력도 편식하지 말고, 365일 골고루 배워 보자!

정답 ②

도전 11일 차

1월 11일

빈칸에 들어갈 알맞은 단어를 찾아 글의 제목을 완성하세요.

분석평가

신기한 ☐☐ ☐☐

착시는 우리의 눈과 뇌가 실제와 다르게 인식하는 현상입니다. 착시 현상이 일어나는 이유는 다양한 시각적 요소들이 우리에게 혼란을 주기 때문입니다. 예를 들어 어떤 그림은 움직이지 않는데도 마치 움직이는 것처럼 보이기도 하고, 직선이 휘어져 보이거나, 색깔이 다르게 보이는 경우도 있습니다. 착시 현상은 우리가 보는 것이 항상 실제와 같지 않다는 사실을 알려 줍니다.

위에 제시된 그림을 봐. 직선인데 기울어진 것처럼 보여!

착시 현상은 신기해. 무언가를 원래 모습과는 다르게 보이게 만들거든. 그래서 우리를 착각하게 만들지. 글을 읽을 때 내용을 착각하지 않으려면 처음과 끝에서 강조하는 말을 찾아봐. 그 말이 글의 핵심일 거야.

도전 12일 차
1월 12일

다음 속담의 뜻으로 알맞은 것을 고르세요.

가재는 게 편

❶ 서로 비슷한 것끼리 서로 잘 어울린다.

VS

❷ 서로 비슷한 것끼리 서로 더 미워한다.

가재와 게처럼 비슷하게 생긴 사람끼리는 아마도 잘 어울리지 않을까?

다음 속담과 사자성어도 비슷한 뜻이야.

· 초록은 동색 🆅 풀색과 녹색은 같은 색이다.
· 유유상종 🆅 같은 무리끼리 서로 사귀다.

정답 ❶

도전 13일 차

1월 13일

화장실 이용 안내문을 읽고 알맞게 이해한 친구를 고르세요.

활용 적용

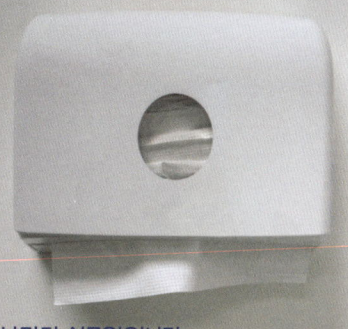

작은 것에서부터 환경 사랑을 실천해요.

휴지는 한 장으로 충분해요.

손수건을 사용하면 날마다 식목일입니다.

❶ 식목일에 나무를 심어야겠어!

VS

❷ 휴지는 웬만하면 아껴 쓰자!

안내문만 잘 읽어도 환경을 지킬 수 있어!
화장실에서 손을 씻고 나서 휴지 한 장만 사용하는 작은 행동으로도 환경 사랑을 실천할 수 있다는 내용이야. 한마디로 휴지를 아껴 쓰자는 뜻이지. 식목일이라는 단어를 보고 나무를 심겠다는 생각은 안내문의 핵심을 파악하지 못한 거야.

정답 ❷

1월 14일

가로세로 어휘 퍼즐을 완성하세요.

가로 열쇠
① 책을 빌릴 수 있는 장소.
② 우리의 눈과 뇌가 실제와 다르게 사물을 인식하는 현상.
③ 날씨의 변화를 예측하여 미리 알리는 일.

세로 열쇠
❶ 우리나라의 수도, 한반도의 중심부에 있는 도시.
❷ 시간을 재거나 시각을 나타내는 기계나 장치.
❸ 국가나 사회에서 정하여 다 함께 쉬는 날.
❹ 길이나 자리, 물건 따위를 남에게 먼저 미루어 줌.

※ 맨 뒤에서 정답을 확인해 보세요.

1월 15일

글을 읽고 ❶~❹ 중에서 중심 문장을 고르세요.

❶ 피라미드는 세계 곳곳에서 볼 수 있는 경이롭고 거대한 건축물이에요. ❷ 피라미드는 사각뿔 모양으로, 돌이나 벽돌을 쌓아 만들어요. ❸ 사람들에게는 고대 이집트의 피라미드가 가장 널리 알려져 있어요. ❹ 피라미드는 아메리카의 멕시코에도 있는데 아메리카의 피라미드는 대부분 신에게 제사를 지내는 신전이었다고 해요.

▲ 고대 이집트의 피라미드

▲ 아메리카 멕시코의 피라미드

'중심 문장'에는 글쓴이가
말하고자 하는 가장 크고 중요한 생각이 담겨 있어.

글은 중심 문장과 뒷받침 문장으로 구성되어 있어.
중심 문장은 글쓴이의 중심 내용을 드러내고, 뒷받침 문장은
조금 더 자세한 생각으로 중심 문장의 뒤를 받쳐 주지.
자, 이제 어떤 문장이 중심 문장이고
뒷받침 문장인지 구별할 수 있겠지?

도전 16일 차

1월 16일

자전거 도로에 적힌 내용을 보고 내용에 알맞으면 O, 알맞지 않으면 X 하세요.

탐색 확인

❶ 숲길에서 산책할 때 볼 수 있는 정보이다. ……………………… (   )

❷ 화살표 방향으로 가면 마포대교가 나온다. …………………… (   )

❸ 고양시를 가려면 현재 위치에서 2.8km를 더 가야 한다. …… (   )

세상에는 읽을 것이 아주 가득해!
집 밖을 나가기만 해도 정보가 한가득이야.
도로에도 아주 중요한 정보가 있지.
차나 자전거를 타다가 도로를 한번 살펴봐.
가려고 하는 장소가 얼마나 남았는지,
또 어느 방향으로 가야 하는지 알 수 있어.

정답 ❶ X ❷ X ❸ O

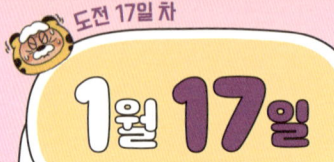 도전 17일 차

1월 17일

빈칸에 들어갈 알맞은 단어를 고르세요.

 어휘지식

독감이 유행이라서 병원에 가서 ☐ 주사를 맞았다.

 ❶ 예방   VS   ❷ 예상

**비슷하게 보이지만,
글자 하나 차이로 뜻이 달라져!**

'예방'은 병이나 재해 따위가 일어나기 전에 미리 대처하는 일이고,
'예상'은 어떤 일이 생기기 전에 미리 생각해 두는 것을 말해.
독감에 걸리지 않게 미리 주사를 맞아 대처하는 것이므로
'예방'이 들어가는 게 맞아.

❶ 예방

1월 18일

글을 읽고 알맞게 이해한 친구를 고르세요.

장승은 마을 입구에 우뚝 서 있는 기둥을 말한다. 사람들은 장승을 보고 마을과 마을을 구분하기도 했다. 길을 가던 사람들에게는 장승이 이정표와 같았다. 사람들은 길가에 있는 장승을 보고 어떤 방향으로, 얼마나 가야 하는지 알 수 있었기 때문이다. 그리고 마을 사람들은 장승을 마을을 지켜 주는 수호신으로 여겨서 때가 되면 장승을 위해 제사를 지내기도 했다.

❶ 장승의 여러 역할을 설명했다.

VS

❷ 장승을 만드는 방법을 설명했다.

글의 주제를 떠올리며 읽어 봐.
그러면 글의 핵심을 파악할 수 있어.

글을 읽을 때는 각 문장이 어떤 내용을 담고 있는지 잘 파악해야 해. 이 글은 장승이 이정표, 수호신 등의 다양한 역할을 했다고 설명하고 있어. 하지만 장승을 만드는 방법에 대해서는 나와 있지 않아.

정답 ❶

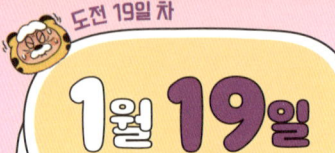

1월 19일

다음 상황에 어울리는 속담을 고르세요.

"죽이 너무 뜨거워."

"난 식어서 먹기 쉬운데!"

 ❶ 병 주고 약 준다   VS   ❷ 식은 죽 먹기

속담은 앞뒤 맥락에 어울리게 써야 해.

죽을 먹어 본 적 있니? 부드러워서 먹기 편하지? 죽이 식으면 훨씬 더 먹기 쉬울 거야. 그래서 '식은 죽 먹기'는 아주 하기 쉬운 일을 말해. '병 주고 약 준다'라는 속담은 남을 아프게 하고는 약을 주어 구해 주는 체한다는 뜻이야. 교활한 사람들이 하는 행동이지.

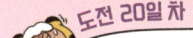

1월 20일

지하철 안내 화면을 보고 알맞게 이해한 친구를 고르세요.

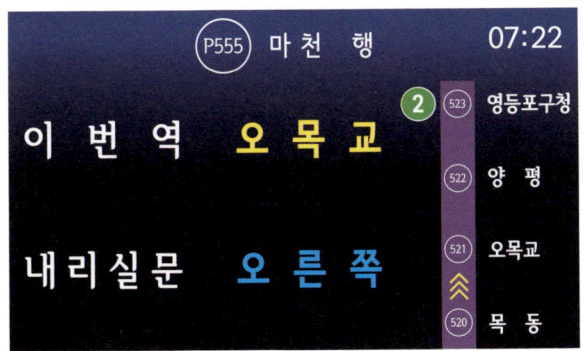

 ❶ 영등포구청역에서 2호선으로 갈아탈 수 있다.

 ❷ 오목교역을 지나서 목동역에 도착할 예정이다.

문해력은 길을 찾을 때도 필요해!

버스나 지하철이 어느 방향으로 가는지, 내가 어디에서 내려야 하는지를 알 수 있거든. 영등포구청역에 ❷라고 적혀 있는데, 이 표시는 초록색 열차인 2호선으로 갈아탈 수 있다는 뜻이야. 화살표를 보면 이 열차는 목동역을 지나서 오목교역에 도착할 예정이야.

정답 ❶

1월 21일

사다리를 타고 내려가 동물의 새끼를 표현하는 단어를 알아보세요.

어휘지식

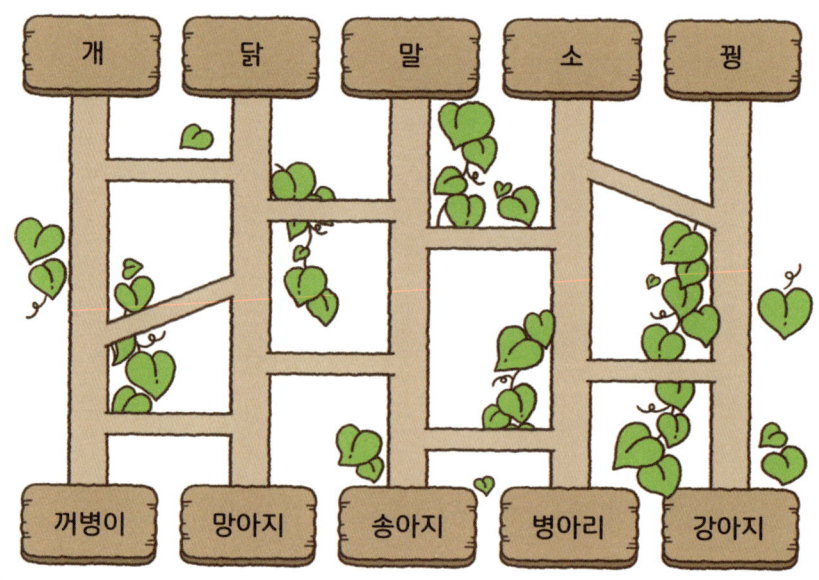

| 개 | 닭 | 말 | 소 | 꿩 |

| 꺼병이 | 망아지 | 송아지 | 병아리 | 강아지 |

동물의 새끼를 부르는 표현이 들어간 속담을 알아볼까?

하룻강아지 범 무서운 줄 모른다
뜻 경험이 적고 서투른 사람이 겁도 없이 덤빈다.

못된 송아지 엉덩이에 뿔이 난다
뜻 됨됨이가 바르지 못한 사람이 올바르지 않은 행동을 한다.

※ 맨 뒤에서 정답을 확인해 보세요.

1월 22일

글의 제목으로 알맞은 것을 고르세요.

첫인상은 누군가를 처음 봤을 때 느껴지는 인상이에요. 그렇다면 첫인상은 얼마나 중요할까요? 심리학자 머레이비언의 실험에 따르면 첫인상은 4초 안에 결정된다고 해요. 첫인상을 결정하는 요소로는 얼굴 표정과 같은 시각적 요소가 55%, 목소리와 같은 청각적 요소가 38% 그리고 말의 내용이 7%를 차지한다고 하지요. 우리는 누군가를 처음 만났을 때 말하는 내용보다 목소리와 표정에 더 큰 영향을 받는다는 거예요.

 ❶ 말하기의 중요성   VS   ❷ 첫인상을 결정하는 요소

중요한 정보는 반복돼.
그러니 제목에 넣기 좋겠지?

'첫인상'을 결정하는 요소에 대해 설명하는 글이야.
시각적 요소가 55%나 차지한다고 하니 정말 놀랍지 않아?
뭐, 카리스마 넘치는 나는 첫인상을 걱정할 필요가
없겠지만 말이야. 하하.

도전 23일 차

1월 23일

방송 화면을 보고 내용에 알맞으면 O, 알맞지 않으면 X 하세요.

통합해석

1. 이 프로그램은 12세 이상의 어린이가 시청할 수 있다. ( )
2. 15세 미만의 어린이가 시청하기에 부적절한 경우 15 로 표시한다. ( )
3. 보호자의 시청 지도가 없어도 12세 미만의 어린이가 볼 수 있다. ( )

자막을 읽을 때도 문해력이 필요해!

영상에 있는 자막을 읽으면 그 영상을 봐도 되는지 판단할 수 있어. 12세 미만의 어린이가 시청하기 부적절한 경우에 12 로 표현했으니까 15세 미만의 어린이가 시청하기 부적절한 경우에는 15 로 표현할 수 있겠군.

정답 ❶ O ❷ O ❸ X

빈칸에 들어갈 알맞은 단어를 골라 관용어를 완성하세요.

얼굴이 ☐

① 하얗다 ② 얇다 ③ 두껍다

얼굴이 두껍다니? 피부가 두꺼운 걸까?

부끄러움을 모르는 사람을 두고 '얼굴이 두껍다'라고 해. 얼굴이 두꺼우면 정말 부끄러움 따위는 하나도 못 느낄지도 몰라. 반대로 스스로 잘못을 깨닫고 부끄러울 때는 '낯부끄럽다'라고 해.

정답 ❸

글을 읽고 알맞게 이해한 친구를 고르세요.

여러분, 시원하고 달콤한 콜라가 처음에는 약으로 만들어졌다는 사실을 알고 있나요? 오래전에 존 펨버턴이라는 약사가 탄산수에 달콤한 시럽을 넣어 마시는 영양제를 만들었어요. 이 약은 재료에서 이름을 따와 '콜라'로 불렀고, 1886년 5월 8일에 처음 팔리기 시작했어요. 그런데 사람들이 이 약을 마시고는 너무 맛있다고 말했고, 콜라는 약이 아닌 음료로 바뀌게 되었어요. 그리고 지금은 대중들에게 사랑받는 인기 음료가 되었어요.

❶ 콜라를 발명하게 된 역사를 설명하는 글이야.

❷ 콜라는 건강에 안 좋으니 마시지 말자고 주장하는 글이야.

설명과 주장을 구별해 볼까?

이 글은 콜라가 처음에는 약이었다가 대중들에게 사랑받는 인기 음료가 된 과정을 '설명'하고 있어. 콜라는 건강에 안 좋으니 마시면 안 된다는 '주장'은 이 글에 담겨 있지 않아. 친구들은 콜라를 좋아하니? 콜라가 맛있어도 너무 많이 마시면 건강에 좋지 않아. 이건 내 주장이야!

도전 26일 차

고사성어 '새옹지마'의 유래를 살펴보고 알맞은 뜻을 고르세요.

옛날 중국 만리장성의 변방에 새옹이라는 노인이 살았어. 어느 날 새옹이 기르던 말이 달아나서 무척 아쉬워했는데, 그 후에 달아났던 말이 준마*와 함께 온 거야. 새옹은 달아난 말 덕분에 훌륭한 말을 얻을 수 있었지. 얼마 뒤 새옹의 아들이 그 준마를 타다가 떨어져서 다리가 부러져 슬퍼했어. 그 일로 아들은 전쟁터에 끌려 나가지 않았고 그 덕분에 죽음을 면할 수 있었대.

*준마: 빠르게 잘 달리는 말.

 ❶ 사람은 욕심을 내면 벌을 받는다.

VS

 ❷ 삶은 변화가 많아서 예측하기가 어렵다.

옛날이야기를 한자어로 표현한 것을 '고사성어'라고 해.

'새옹지마'는 새옹이라는 사람의 말에 관한 이야기야. 신기하게도 새옹과 말 사이에 여러 일이 일어났지. 고사성어와 관련된 재미있는 옛날이야기가 많으니 피하지 말고 찾아 읽으면 좋아!

정답 ❷

도전 27일 차

1월 27일

용돈 기입장을 보고 내용에 알맞으면 O, 알맞지 않으면 X 하세요.

활용적용

 월 주   지난 주 남은 돈   5,600 원

이번 주 계획 **슬라임 사기**

날짜	요일	무엇을?	어디?	들어온 돈	나간 돈	남은 돈
4/11	월	용돈 받음		5,000원		10,600원
4/11	월	떡볶이	간식		1,500원	9,100원
4/12	화	슬라임	취미		2,600원	6,500원
4/13	수	심부름		2,000원		8,500원

❶ 4월 셋째 주에 받은 용돈은 10,600원이다. ( )

❷ 수요일에 심부름을 하고 2,000원을 받았다. ( )

❸ 이 친구는 이번 주에 세운 계획을 달성했다. ( )

문해력은 용돈을 현명하게 사용하기 위해서도 중요하지.

이 친구는 4월 11일에 용돈 5,000원을 받아서 용돈이 모두 10,600원이 되었군. 그리고 4월 13일에 심부름해서 2,000원을 받았어. 용돈 기입장을 쓰면 언제 얼마큼의 돈이 들어오고, 어디에 돈을 썼는지 한눈에 보여서 낭비를 줄일 수 있어.

 도전 28일 차

1월 28일

빈칸에 들어갈 알맞은 단어를 골라 관용어를 완성하세요.

 어휘지식

☐ 도 까딱하지 않다

❶ 눈썹   ❷ 눈섭   ❸ 눈썊

말이란 참 신기해. 자음이나 모음 한 글자만 달라도 전혀 말이 되지 않으니 말이야.

'눈썹도 까딱하지 않다'는 말은 아주 태연하다는 뜻이야.
눈썹이 들어간 관용어를 더 알아볼까?

눈썹이 꼿꼿하다 뜻 분하거나 새침해서 눈을 똑바로 뜨다.
눈썹 싸움을 하다 뜻 졸음이 오는데 졸지 않으려고 애쓰다.

❶ 눈썹

도전 29일 차

1월 29일

레시피를 읽고 탕후루를 만드는 데 필요한 재료를 모두 고르세요.

통합해석

1. **과일 준비하기**: 과일을 깨끗이 씻고 물기를 잘 닦아 주세요.
2. **설탕 시럽 만들기**: 작은 냄비에 설탕 1컵과 물 1/2컵을 넣고 중간 불로 끓여요. 설탕이 다 녹을 때까지 저어 주세요.
3. **시럽 끓이기**: 설탕이 다 녹으면 불을 약하게 줄이고, 시럽이 끈적해질 때까지 5~10분 정도 더 끓여요. 시럽이 너무 끈적이지 않도록 주의해요.
4. **시럽 입히기**: 시럽이 끈적해지면 불을 끄고, 꼬치에 꽂은 과일을 시럽에 담갔다가 빼서 쟁반에 올려놓아요. 시럽이 뜨거우니 조심해요.
5. **굳히기**: 시럽이 굳을 때까지 10분 정도 기다려요. 이렇게 하면 맛있는 탕후루가 완성돼요.

❶ 설탕 ❷ 밀가루 ❸ 달걀 ❹ 과일

조리법에 나온 재료를 찾으면 돼!
탕후루 레시피를 읽고
부모님과 함께 집에서 맛있게 만들어 보자고!
자, 당장 재료를 준비해 볼까?

도전 30일 차

1월 30일

전단지에 들어갈 강아지 그림으로 알맞은 것을 고르고 빈칸에 따라 그려 보세요.

 탐색확인

강아지를 찾습니다

포메라니안(암컷, 11살, 황색 털)

날짜: 2025년 1월 7일
장소: 서울 은평구 진흥로
특징: 검은색 눈동자, 풍성한 황색 털

❶

❷

❸

잃어버린 강아지도 문해력이
있어야 찾을 수 있다고!

강아지를 키우는 친구라면 너무 쉽게 맞혔겠군.
검은 눈동자, 풍성한 황색 털을 가진 강아지 말이야.
문해력이 좋은 사람들이 많아져서 하루빨리 강아지가
집으로 돌아갈 수 있으면 좋겠어.

❶ :답정

도전 31일 차

1월 31일

다음 체크리스트를 확인해 보며 평소 나의 SNS 생활을 점검해 보세요.

✓ 메타인지

체크리스트

	예	아니요
❶ SNS에서 근거 없는 소문을 퍼뜨리지 않았나요?	☐	☐
❷ SNS에서 다른 사람에게 해를 끼치지 않았나요?	☐	☐
❸ SNS를 너무 오랫동안 하며 시간을 보내지 않았나요?	☐	☐
❹ SNS를 할 때 가족, 친구의 마음을 헤아리며 대화를 주고받았나요?	☐	☐
❺ 오늘 SNS에서 보고 읽은 것들이 나의 생각을 넓혀 주었나요?	☐	☐

SNS를 잘 활용하려면 문해력이 필요해.
요즘 같은 디지털 세상에서는 SNS를 잘 사용해야 해.
특히 서로의 마음을 헤아리며 글을 읽고 쓰는 것이 중요하지.
나의 SNS 문해력 습관은 어떤지 점검해 보자.

2월 1일

빈칸에 들어갈 알맞은 단어를 고르세요.

친구는 받아쓰기 시험을 ☐ 통과했다.

① 무난하게 VS ② 문안하게

**글자를 잘 구별해 써야 해.
뜻이 다를 수 있거든.**

'무난하게'는 '어렵지 않게'라는 뜻이야.
'문안하게'라는 말은 그럴듯해 보이지만 실제로는 없는 말이지.
물론 '문안'이라는 말이 있기는 해. 병문안같이 다른 사람이
잘 지내고 있는지 확인할 때 쓰는 말이야.
하지만 이 문장에는 어울리지 않아.

❶ 답정

도전 33일 차

글을 읽고 알맞게 이해한 친구를 고르세요.

분석 평가

　지구를 위해서 우리는 환경을 보호해야 한다고 생각해요. 우리가 타고 다니는 자동차와 공장의 매연 때문에 공기가 오염되고 있으며, 물을 함부로 사용하면서 물이 오염되고 있어요. 공기와 물의 오염으로 우리 건강에 문제가 생기고 있고, 지구 온난화, 홍수, 가뭄 등 기후 위기가 발생하고 있어요. 지구는 우리가 살아가는 곳이기 때문에 환경을 보호해야 해요.

❶ 환경을 보호해야 한다고 근거를 들며 주장하고 있다.

VS

❷ 환경 보호를 위해 실천할 수 있는 방법을 알려 주고 있다.

다른 사람의 생각이나 행동을 바꾸고 싶을 때 주장하는 글을 써.

주장하는 글에는 '주장'과 함께 그것을 뒷받침하는 '근거'가 들어 있어. 친구들도 다른 사람의 생각이나 행동을 바꾸고 싶다면 주장하는 글을 써 봐. 이때 반드시 근거가 있어야 한다는 걸 명심, 또 명심하자!

❶ 정답

도전 34일 차

2월 3일

보기 를 보고 빈칸에 들어갈 알맞은 단어를 쓰고, 단어의 뜻을 알아보세요.

어휘지식

보기

입- 단어 앞에 붙어서 '시작', '들어감'의 뜻을 더한다.

춘(春) 봄 춘	하(夏) 여름 하	추(秋) 가을 추	동(冬) 겨울 동
춘	하	추	동
봄이 시작됨.	여름이 시작됨.	가을이 시작됨.	겨울이 시작됨.

한자와 한자는 합체해서 새로운 말을 만들어 내.

입춘은 봄의 시작이고, 입동은 겨울의 시작이야. 그렇다면 입하, 입추의 뜻도 생각해 볼 수 있겠지? 극장에 들어갈 때는 '입구'를 통해서 '입장'을 하지. 학교에 들어가면 '입학'이고. 와, 정말 많은 말에 '입'이라는 글자가 들어가네!

정답: 입춘, 입하, 입추, 입동

도전 35일 차

2월 4일

버스 이용 요금표를 보고 빈칸에 알맞은 요금을 쓰세요.

탐색확인

버스 이용 요금		
일반 (만 19세 이상)	현금	1,500원
	카드	1,450원
청소년 (만 13세~18세)	현금	1,100원
	카드	1,010원
어린이 (만 6세~12세)	현금	800원
	카드	730원

초등 2학년 (만 8세)

❶ 현금	❷ 카드
원	원

버스 이용 요금 안내표에는
여러 가지 정보가 들어 있어.

표를 읽을 때는 각 칸의 정보를 연결해서 읽어야 해.
이 표에서 왼쪽은 나이, 가운데는 요금 지불 방법,
오른쪽은 버스 요금이 적혀 있어. 먼솔이는 만 8세이니까
어린이 요금을 내야 해.

도전 36일 차

2월 5일

다음 속담의 뜻으로 알맞은 것을 고르세요.

바늘 도둑이 소도둑 된다

❶ 한번 들인 버릇은 고치기 힘들다.

VS

❷ 작은 나쁜 짓도 자꾸 하게 되면 큰 죄를 저지르게 된다.

속담에는 비유적인 표현이 많아.
바늘처럼 작은 것도 여러 번 훔치면, 나중에 소처럼 더 큰 것도 거리낌 없이 훔치는 도둑이 될지 몰라. 그래서 ❷의 뜻이 알맞지. ❶은 '세 살 버릇 여든 간다'라는 속담이 어울려. 어린아이 때의 버릇이 할아버지가 되어도 바뀌지 않는다는 뜻이지.

도전 37일 차

2월 6일

글을 읽고 내용에 알맞으면 O, 알맞지 않으면 X 하세요.

저작권은 문학, 예술, 건축, 학문, 기술, 영상, 지도, 컴퓨터 프로그램 등 저작물에 속하는 창작물에 대하여 저작자가 가지는 권리예요. 저작권은 창작물을 만든 사람의 노력과 가치를 인정하고, 창작물을 만든 사람인 저작자의 권리를 보호하고자 하는 것이지요. 아주 가까운 친구의 글이나 작품도 친구의 동의를 얻고 나서 인터넷에 올릴 수 있어요.

❶ 모두에게 공개된 지도라도 저작권이 있다. ( )
❷ 창작물을 만들면 저작권을 가진 저작자가 된다. ( )
❸ 친구는 시인이 아니므로 친구의 시를 인터넷에 공개해도 된다. ( )

글을 꼼꼼하게 읽어서 중요한 말의 뜻을 분명하게 이해해 보자.

저작권은 자신이 만든 창작물에 대한 권리야. 모든 창작물에는 그걸 만든 사람이 있고, 그 사람에게는 저작권이 있지. 다른 사람의 창작물을 마구 쓰는 것은 생각을 훔치는 일이야. 이런 일을 자꾸 하면 바늘 도둑이 소도둑 된다고!

정답 ❶ O ❷ O ❸ X

2월 7일

글을 읽고 빈칸에 알맞은 내용을 쓰세요.

바다에 사는 동물은 어류와 포유류로 나눌 수 있다. 어류란 물속에 살고 아가미로 호흡하며 지느러미로 움직이고 몸 표면이 비늘로 덮여 있는 동물을 말한다. 포유류란 새끼에게 젖을 먹이며 키우는 동물이다. 대표적인 예로 고래, 돌고래 등이 있다. 그중 고래는 바닷속 환경에 적응하기 위해 앞다리가 지금의 지느러미 형태로 진화했다.

☐☐ 에 사는 동물	
어류	포유류
상어, 연어, 가자미 등	☐☐ , ☐☐ 등

어떤 글은 대상을 '분류'하면서 설명해.
'분류'란 무엇을 여러 개의 종류로 나누는 거지.
이런 글을 읽을 때는 표를 그려서 내용을 분류해 보면 좋아.
그럼 분류된 것들의 특징과 예를 잘 파악할 수 있지.

빈칸에 들어갈 알맞은 단어를 고르세요.

방금 쪄서 나온 만두가 너무 뜨거워서 후후 불어서 ⬜ 먹었다.

 ❶ 시켜 VS ❷ 식혀

글을 쓸 때는 비슷한 소리가 나는 단어를 헷갈리지 말아야 해.

뜨거운 것은 '식혀서' 먹지 않으면 혀를 데지.
뭔가를 '시켜서' 먹는 음식은 배달 음식이야.
갑자기 배가 출출하네. 동네 가게에서
뜨거운 만두를 시켜 후후 식혀 먹어 볼까?

정답 ❷

도전 40일 차

2월 9일

절하는 방법을 읽고 내용에 알맞으면 O, 알맞지 않으면 X 하세요.

분석 평가

남자

❶ 왼쪽 손이 오른쪽 손 위로 올라가게 한다.
❷ 왼쪽 다리부터 구부려 바닥을 짚는다.
❸ 허리를 굽혀 이마를 손등에 대듯 절한다.
❹ 오른쪽 무릎을 먼저 세우고 일어난다.

여자

❶ 오른쪽 손이 왼쪽 손 위로 올라가게 한다.
❷ 손과 팔꿈치가 수평이 되도록 어깨 높이로 들고 고개를 숙인다.
❸ 왼쪽 다리부터 구부려 앉은 후 허리를 굽혀 절한다.
❹ 오른쪽 무릎을 먼저 세우고 일어난다.

❶ 남자와 여자가 절하는 방법이 다르다. ( )
❷ 절을 하고 일어나는 방법은 남자, 여자가 똑같다. ( )
❸ 남자는 오른쪽 손이, 여자는 왼쪽 손이 위로 올라간다. ( )

정답 ❶ O ❷ O ❸ X

도전 41일 차 — 2월 10일

다음 상황에 어울리는 속담을 고르세요.

"먹고 싶은데 돈이 없어, 흑!"

 ❶ 그림의 떡   VS   ❷ 미운 놈 떡 하나 더 준다

속담은 상황을 잘 표현해 줘.

그림의 떡은 맛있어 보이지만 먹을 수가 없어. 아무리 마음에 들어도 가질 수 없다면 소용없겠지? 그림의 떡처럼 말이야.
❷는 싫어하는 사람일수록 더 잘 대해 주어야 한다는 뜻이야.
떡이 들어간 다른 속담을 하나 더 살펴보자.

떡도 먹어 본 사람이 먹는다
뜻 무슨 일이든지 늘 하던 사람이 더 잘 한다.

정답 ❶

도전 42일 차

전시실 이용 안내문을 읽고 알맞게 행동한 친구를 고르세요.

활용 적용

전시실 이용 안내

1. 전시실에 간식, 음료수 등을 들고 입장할 수 없습니다.
2. 휴대 전화는 끄거나 진동으로 바꾸어 주십시오.
3. 자전거, 킥보드, 스케이트 등을 이용할 수 없습니다.
4. 안내견 이외의 반려동물 출입은 금지되어 있습니다.

❶ 전시를 보다가 목이 마를 것 같아 음료수를 챙겼어.

❷ 전시를 보는 다른 사람에게 방해되지 않도록 휴대 전화를 진동 모드로 했어.

**문해력이 부족하면
자칫 무례한 사람이 될 수도 있어.**

전시회나 영화관 같은 공공장소에서는 지켜야 할 예절이 있어. 이런 예절을 안내문에 글로 적지. 공공장소에서 예의 바른 사람이 되려면 안내문을 잘 읽을 수 있는 문해력이 필요해. 오늘부터 공공장소에 갈 때 안내문을 주의 깊게 읽어 보자.

도전 43일 차

2월 12일

사다리를 타고 내려가 높임을 나타내는 표현을 알아보세요.

| 먹다 | 자다 | 말하다 | 죽다 | 있다 |

| 말씀하시다 | 계시다 | 드시다 | 주무시다 | 돌아가시다 |

우리말에는 다른 사람을 존중하는 높임 표현이 많아.

높임 표현을 잘 알고 사용하면 다른 사람으로부터 존중받을 수 있어. 오늘은 "잘 자. 엄마, 아빠!"가 아니라 "안녕히 주무세요. 어머니, 아버지!"라고 해 볼까? 부모님께서 깜짝 놀라실걸!

※ 맨 뒤에서 정답을 확인해 보세요.

도전 44일 차 — 2월 13일

글을 읽고 온돌의 원리에 대해 알맞게 설명한 것을 고르세요.

온돌은 우리나라 고유의 전통 난방 방식입니다. 아궁이에 불을 때면 열기가 방바닥 아래의 빈 공간을 지나면서 구들장을 덥힙니다. 그리고 따뜻해진 구들장의 열기가 방 전체에 전달되어 방이 따뜻해집니다. 온돌 덕분에 특히 겨울에 따뜻하게 지낼 수 있어요. 지금은 전기와 가스를 이용하는 현대식 온돌이 많이 쓰이고 있습니다.

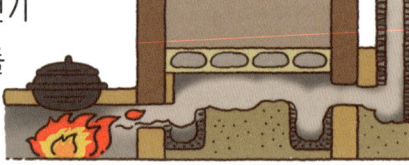

 ❶ 아궁이에 불을 때어 구들장을 덥히면서 방이 따뜻해진다.

 ❷ 바닥에 전기를 흐르게 해서 방을 시원하게 만들어 준다.

글, 그림, 내가 알고 있는 지식을 잘 연결해 보자!

한겨울에 친구들이 집에서 따뜻하게 보낼 수 있는 이유는 무엇일까? 아마도 현대적으로 잘 갖추어진 온돌 장치가 있기 때문이 아닐까? 온돌 난방에서 아궁이, 구들장, 방이 서로 어떻게 관련되는지 알아봐!

글을 읽고 알맞게 이해한 친구를 고르세요.

사람의 목뼈는 7개라고 한다. 그렇다면 동물의 목뼈는 몇 개일까? 동물 중에서 키가 가장 큰 기린은 목 길이가 2미터나 되지만, 기린의 목뼈는 사람이나 다른 포유류 동물과 마찬가지로 7개라고 한다. 새들은 종류별로 다르지만 목뼈의 개수가 대부분 11개 이상으로 다른 동물들보다 많다. 아마도 부리를 유연하게 움직이는 등 다양한 역할이 필요했기 때문이라고 추측한다.

 ❶ 목의 길이가 긴 만큼 뼈의 수도 많아지나 봐.

 ❷ 유연하게 움직이기 위해서는 뼈가 많이 필요한가 봐.

비교와 대조는 대상의 차이를 잘 보여 주는 방법이야!
두 가지 이상의 대상을 쉽게 설명하기 위해 '비교'와 '대조'라는 방법을 사용해. 비교는 두 가지 이상의 대상에서 공통점을, 대조는 차이점을 찾아 설명하는 거야.

도전 46일 차
2월 15일

빈칸에 들어갈 알맞은 단어를 고르세요.

어휘지식

놀러 가자고 □를 부렸지만 어림도 없었다.

엄마, 놀러 가요! 놀러 가고 싶단 말이에요!

안 된다고 했잖아.

❶ 때 VS ❷ 떼

비슷해 보여도 같은 말이 아니야!

'떼를 쓰다', '떼를 부리다'는 '고집을 피운다'는 뜻이야.
'떼'는 파리 떼, 도적 떼처럼 '무리'를 뜻하기도 해.
'때'는 얼룩을 말하기도 하고, 시간을 뜻하기도 해.
얼룩의 '때'와 시간의 '때'도 전혀 다른 말이야.
복잡하지만 잘 분별해 써야 해. 그게 문해력이야.

2월 16일

글의 제목으로 알맞은 것을 고르세요.

음식에는 사람이 살아가는 데 필요한 에너지를 만드는 영양소가 들어 있어요. 그중 탄수화물, 지방, 단백질을 3대 영양소라고 해요. 탄수화물은 쌀이나 밀, 보리, 감자 등으로 만든 음식에 포함되어 있으며 에너지를 만들어 내요. 지방도 탄수화물과 마찬가지로 에너지를 만들며, 체온을 유지하고 몸 안의 여러 기관을 보호하는 역할을 해요. 단백질은 고기, 생선 등에 들어 있으며 근육, 피부, 머리카락을 튼튼하게 해 주고, 질병이나 감염으로부터 몸을 지켜 줘요.

 ❶ 비만을 예방하는 방법　VS　❷ 사람에게 필요한 3대 영양소

글의 제목은 글의 전체 내용을 간결하게 나타내!

글에서 주로 다루고 있는 내용이 무엇인지 이해하면 좋은 제목을 붙일 수 있어. 오늘부터 무엇이든 친구들이 읽을 글에 제목을 붙여 봐. 집중하며 글을 읽는 좋은 방법이 될 거야!

2월 17일

밑줄 친 속담의 뜻으로 알맞은 것을 고르세요.

먼말이와 먼솔이는 블록을 쌓아 근사한 성을 만들고 싶었어요. 하지만 잘 만들 수 있을지 자신이 없었죠. 블록이 담긴 상자 앞에서 머뭇거리며 서 있었어요. 그때 조고수가 "천 리 길도 한 걸음부터란다. 하나씩 차근차근 쌓아 보렴."이라고 말했어요. 먼말이와 먼솔이는 조고수 말대로 하나씩 블록을 쌓기 시작했고, 결국 근사하고 멋진 성을 완성했어요.

❶ 무슨 일이든 그 일의 시작이 중요하다.

VS

❷ 잘 아는 길도 주변을 살피며 가야 한다.

속담을 많이 알면 어른의 말을 더 잘 이해할 수 있어!

천 리는 약 400km나 되는 먼 거리야. 아무리 먼 거리라도 첫걸음을 떼지 않으면 갈 수 없어. 한 걸음부터 시작해서 한 걸음, 또 한 걸음 걸으면 결국 천 리를 걸을 수 있겠지? 문해력 공부도 하루하루 꾸준히 해 보자고! 365일이 금방 지나갈 거야!

정답 ❶

층간 소음 예방 안내문을 읽고 알맞게 이해한 친구를 고르세요.

층간 소음, 실내화로 볼륨을 낮춰 주세요!

층간 소음 갈등 원인
1위 뛰거나 걷는 소리 70.3%

❶ 실내화를 신고 뛰어야지!

VS

❷ 실내화를 신어도 조심조심 다녀야지!

**문해력이 좋아야
이웃과도 잘 지낼 수 있어!**

층간 소음의 가장 큰 원인이 뛰거나 걷는 소리라고 하잖아?
실내화를 신었다고 밤늦게 뛰어서는 안 되겠지.
윗집에 사는 사람은 아랫집에 방해가 되지 않게
뛰거나 세게 걷지 않도록 주의하자.
이웃 간에 서로 배려하며 살자고!

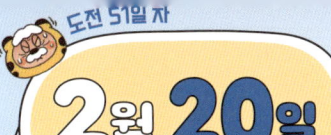

2월 20일

글을 읽고 부럼 깨기의 재료로 알맞지 않은 것을 고르세요.

　일 년 중 맨 먼저 보름달이 뜨는 정월 대보름에는 예로부터 전해 오는 다양한 풍습이 있어요. 그중 가장 널리 알려진 풍습으로는 부럼 깨기가 있지요. 부럼 깨기는 이른 아침에 눈을 뜨자마자 밤, 호두, 땅콩, 은행, 잣 등의 견과류를 어금니로 깨무는 것을 말해요. 한 해 동안 각종 부스럼을 예방하고 이를 튼튼하게 하기 위해서지요.

❶ 호두　　❷ 초콜릿　　❸ 밤

글에 분명하게 드러난 '예'를 정확하게 찾을 수 있어야 해!

부럼 깨기의 재료가 글 네 번째 줄에 나타나 있으니 그 부분을 찾아보자! 부럼 깨기의 의미가 좋다고 아무거나 마구 깨물면 오히려 이를 다칠 수도 있어. 각자 이의 상태와 취향에 맞게 부럼 깨기의 재료를 골라 보자고.

2월 21일

백화점에서 운동복을 사려면 몇 층으로 가야 하는지 고르세요.

백화점 안내도

1층	화장품	5층	푸드 코트
2층	여성 의류	6층	가전제품
3층	남성 의류	7층	영화관
4층	스포츠 의류		

❶ 2층   ❷ 4층   ❸ 6층

안내문 읽기는 이제 식은 죽 먹기지?
운동복은 스포츠 의류의 일종이야.
그러니까 백화점 안내도에 따라 몇 층으로 가야 하는지 알겠지?
아, 쇼핑을 했더니 또 배가 고파졌어.
이제 몇 층으로 가면 좋을까?

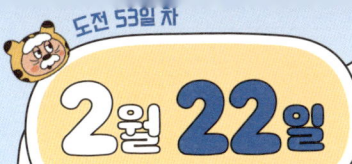

2월 22일 — 다음 속담의 뜻으로 알맞은 것을 고르세요.

아니 땐 굴뚝에 연기 날까

 ❶ 모든 일의 결과에는 원인이 있기 마련이다.

VS

 ❷ 어떤 일이든 노력하면 좋은 결과가 생긴다.

아궁이에 불을 지피지 않으면 연기가 날 수 없겠지?

이 속담은 어떤 일의 결과에는 반드시 그럴 만한 원인이 있다는 걸 말해. 그러니까 크고 작은 사고가 일어나는 데 원인이 있다는 것이지. ❷는 '공든 탑이 무너지랴'가 더 잘 어울려. 정성을 들여 노력하면 좋은 결과가 생긴다는 속담이거든.

정답 ❶

2월 23일

다음 안내문을 볼 수 있는 장소로 가장 알맞은 곳을 고르세요.

물건을 골라 주세요.
구매하시고 싶은 제품을 선택해 물건을 장바구니에 담아 주세요.

바코드를 스캔하세요.
키오스크에서 상품 바코드를 스캔해 주세요.

결제하세요.
안내 멘트에 따라 카드 혹은 현금을 삽입하여 결제해 주세요.

결제 후
결제한 상품은 봉투에 담아 주세요.

❶ 도서관   ❷ 놀이터   ❸ 슈퍼마켓

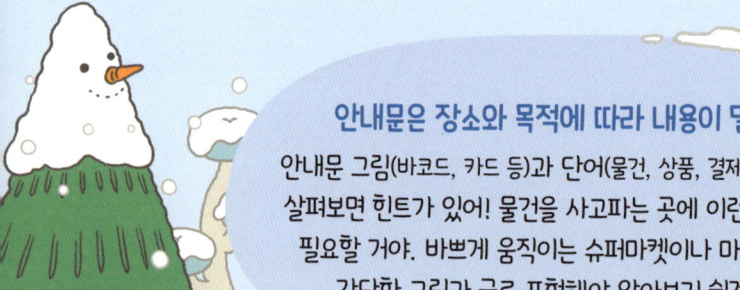

안내문은 장소와 목적에 따라 내용이 달라.
안내문 그림(바코드, 카드 등)과 단어(물건, 상품, 결제, 봉투 등)를 살펴보면 힌트가 있어! 물건을 사고파는 곳에 이런 안내문이 필요할 거야. 바쁘게 움직이는 슈퍼마켓이나 마트에서는 간단한 그림과 글로 표현해야 알아보기 쉽겠지?

도전 55일 차
2월 24일

다음 상황에 어울리는 속담을 고르세요.

어휘지식

❶ 고생 끝에 낙이 온다

VS

❷ 낫 놓고 기역자도 모른다

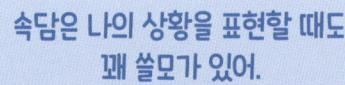
속담은 나의 상황을 표현할 때도 꽤 쓸모가 있어.

열심히 노력하는 동안에는 힘들지만, 언젠가는 좋은 결실을 얻을 수 있을 거야. 고생 끝에 즐거움이 온다는 말이지. 문해력 공부도 힘들고 어렵겠지만, 언젠가는 실력 향상으로 보답받게 될 거야!

도전 56일 차

2월 25일

모래 놀이터 안내문을 읽고 알맞게 행동한 친구를 고르세요.

활용 적용

모래 놀이터 약속

① 친구에게 모래를 뿌리지 않아요.
② 모래를 입 또는 몸속에 넣지 않아요.
③ 모래 놀이를 할 때는 눈을 비비지 않아요.
④ 놀이 후에는 모래를 털고 손을 씻어요.
⑤ 모래를 놀이터 밖으로 가져가지 않아요.

❶ 꽃을 심을 모래를 주머니에 담아 간다.

❷ 모래 놀이가 끝난 뒤에는 손을 깨끗하게 씻는다.

문해력이 좋아야 안전하고 즐겁게 놀 수 있어!

모래 놀이는 신나고 재미있지만, 친구에게 모래를 뿌리거나 먹으면 위험할 수도 있어. 그리고 모래 놀이터의 모래는 함부로 밖으로 가져가서는 안 돼. 꽃을 심기 위해 가져가는 것도 안 되겠지?

정답 ❷

도전 57일 차 · 2월 26일

가로세로 어휘 퍼즐을 완성하세요.

가로 열쇠
① 한국의 전통 난방 방식으로 구들장의 열기가 방 밑을 통과하여 방을 따뜻하게 하는 장치.
② '인생의 길흉화복은 변화가 많아서 예측하기가 어렵다.'는 뜻의 고사성어.
③ 단단한 껍데기에 싸여 있는 나무 열매의 부류. 땅콩, 밤, 호두 따위.

세로 열쇠
❶ 사람, 동물 등의 몸의 온도.
❷ 짧고 단단한 부리를 가진 새. '○○가 방앗간을 그냥 지나치랴.'
❸ 새끼들에게 젖을 먹이며 키우는 동물.

※ 맨 뒤에서 정답을 확인해 보세요.

도전 58일 차 2월 27일

글을 읽고 알맞게 이해한 친구를 고르세요.

한국의 '탈춤'은 춤, 노래, 연극을 아우르는 종합 예술로, 관객과 환호와 야유를 주고받으며 함께 즐기는 우리 문화이다. 무대나 공연장 없이 공터만 있어도 공연이 가능하여, 배우와 관객이 한 공간에서 소통하며 진행된다. 탈춤은 국가 무형 문화재로 지정되면서 국민들에게 우리나라 문화유산을 대표하는 상징으로 인식되어 오고 있다.

 ❶ 탈춤은 탈을 사용하여 춤을 추기 때문에 유형 문화재이다.

 VS

❷ 탈춤은 씨름, 아리랑처럼 형체가 없어서 무형 문화재이다.

내용들을 연결해 이해하면 어려운 말도 쉽게 알 수 있어.

이 글은 탈춤이 우리나라의 '무형 문화재'라고 알려 주고 있어. 고려청자, 석탑과 같이 형체가 있는 것은 유형 문화재이고, 씨름 같은 운동이나 아리랑 같은 음악은 형체가 없어서 무형 문화재야. 탈춤도 춤, 노래, 연극을 아우르는 예술이기 때문에 무형 문화재로 분류돼.

도전 59일 차

2월 28일

체크리스트를 확인해 보며 평소 나의 듣기 습관을 점검해 보세요.

메타인지 ✓

체크리스트

	예	아니요
① 상대방의 말을 끝까지 집중해서 잘 듣나요?	☐	☐
② 상대방의 표정, 몸짓 등에 주의를 기울이나요?	☐	☐
③ 상대방의 말을 중단하거나 방해하지 않았나요?	☐	☐
④ 상대방의 말 중에서 중요한 정보는 메모하나요?	☐	☐
⑤ 정확하게 이해했는지 확인하기 위해 질문하나요?	☐	☐

잘 듣는 것도 문해력이야!

4~5개 이상 표시했다면 대화할 때 올바르게 듣고 있다고 할 수 있어. 대화를 할 때 주의 깊게 듣고 반응을 보이는 것은 대화의 기본이라고 할 수 있지. 잘 들어야 잘 이해할 수 있고, 잘 소통할 수 있어! 올바른 듣기 습관으로 듣기왕이 되어 보자!

3월

3월 1일

글을 읽고 내용에 알맞으면 O, 알맞지 않으면 X 하세요.

　1919년 3월 1일, 민족 대표 33인은 일본의 지배에 저항하기 위해 모였어요. 이들은 일본 경찰의 눈을 피해서 독립 선언서를 만들고 시민들에게 나누어 주었어요. 민족 대표 33인은 서울 종로에 있는 태화관에서 독립 선언서를 낭독한 뒤 일본 경찰에 자백하여 붙잡혀 가고 말았어요. 하지만 독립 선언서 낭독에 맞춰 탑골 공원에 모여 있던 학생들과 시민들이 만세를 외쳤지요. 이를 시작으로 '대한 독립 만세'의 외침은 전국으로 퍼져 나갔어요.

❶ 만세 운동은 서울에서만 퍼져 나갔다. ( )
❷ 만세 운동은 학생들과 시민들이 함께 참여했다. ( )
❸ 민족 대표 33인은 탑골 공원에서 독립 선언서를 낭독했다. ( )

**문해력이 좋아야
역사도 바르게 공부할 수 있어!**

역사를 이해하려면 사람, 사건, 상황 등을 연결해서 읽고,
그 역사가 어떤 의미를 지니는지도 알아야 해.
역사를 다룬 글을 많이 읽어 봐.
이야기책만큼 흥미롭고 유익해!

도전 61일 차

3월 2일

빈칸에 들어갈 알맞은 단어를 고르세요.

 어휘지식

새로운 학기를 맞이해서 새로 산 가방을 ☐ 등교했다.

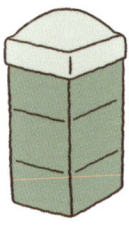

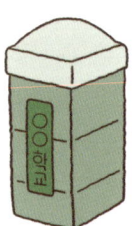

 ❶ 메고   VS   ❷ 매고

글자가 다르면 뜻이 달라진다!

'매다'는 끈이나 줄 따위를 묶는다는 뜻이고,
'메다'는 어깨에 걸치거나 올려놓는다는 뜻이야.

매다 뜻 신발 끈을 매다, 넥타이를 매다.
메다 뜻 배낭을 메다, 짐을 메다.

자, 신발 끈을 매고 가방을 메고 학교로 출발!

❶ 정답

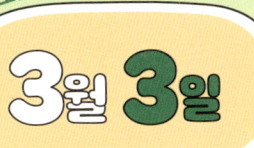

3월 3일

글을 읽고 알맞게 행동한 친구를 고르세요.

분석평가

새 학기가 시작되면 많은 친구가 '새 학기 증후군'을 겪어요. 이 증후군은 새로운 환경에 적응하는 과정에서 생기는 스트레스로, 긴장해서 머리나 배가 아프고, 불안감에 잠이 잘 안 올 수 있어요. 새 학기 증후군을 겪을 때는 부모님이나 선생님께 솔직히 이야기하고 도움을 받는 것이 중요해요. 아침에 일찍 일어나서 등교를 준비하거나, 새로운 친구들과 인사하고 이야기를 나누는 연습을 하는 것도 도움이 돼요.

❶ 학교 가기가 싫어서 부모님께 떼를 썼다.

❷ 학교 가는 게 떨려서 부모님께 솔직하게 말했다.

문제가 있으면 해결책도 있어!
어떤 글은 문제와 해결책을 함께 설명하기도 해. 새 학기 증후군으로 마음이 불안하고 힘들다면(문제) 주위 사람들에게 도움을 요청해야 해(해결). 떼를 쓰고 화를 내는 것은 좋은 해결책이 아니야.

3월 4일

다음 관용어의 뜻으로 알맞은 것을 고르세요.

눈을 붙이다

① 잠을 자다. **VS** ② 눈을 풀로 붙이다.

친구들, 문해력 공부하다가
눈을 붙이는 건 아니겠지?

'눈을 붙이다'는 접착제로 눈을 붙이는 게 아니야.
눈꺼풀이 맞닿아 떨어지지 않는다는 뜻으로
잠을 잔다는 것을 말해. 집에서 책을 읽다가
졸리면 잠깐 눈을 붙여도 좋아!

① 정답

도전 64일 차

시간표를 보고 내용에 알맞으면 O, 알맞지 않으면 X 하세요.

	월	화	수	목	금
1교시	국어	국어	국어	국어	국어
2교시	국어	국어	수학	수학	자율
3교시	나 2-1	수학	자연 2-1	동아리	세계 2-1
4교시	나 2-1	나 2-1	자연 2-1	나 2-1	나 2-1
5교시		나 2-1		자율	마을 2-1

❶ 매일 국어 수업을 한다. ……………………………… (   )
❷ 동아리 활동은 수요일에 한다. ……………………… (   )
❸ 월요일, 수요일은 다른 날에 비해 일찍 끝난다. …… (   )

매일 하는 일들도 모두 기억하기 어려워.
그래서 우리는 일상의 규칙을 글이나 표로 만들어서 기록하지.
이런 글들을 잘 읽어야 다른 사람과 어울려 생활할 수 있어.
자, 학교 시간표를 읽어볼까? 매일 1교시에 국어 수업이 있네.
참고로 동아리 활동은 수요일이 아니라 목요일에 해.
준비물이 있는지 미리 확인해야겠어.

도전 65일 차

3월 6일

빈칸에 들어갈 알맞은 단어를 고르세요.

어휘지식

오늘 저녁 메뉴는 구수한 된장 ☐ 이다.

① 찌개   ② 찌게   ③ 지게

자주 쓰는 말도 정확하게 쓰고 있는지 확인하자!

우리가 먹는 국물 음식은 '찌개'라고 말하는 것이 정확한 표현이야. 찌게는 아무 뜻도 없는 잘못된 말이지! '지게'는 짐을 얹어 사람이 등에 지고 운반하는 도구야. 앞으로 식당에 가면 '찌개'가 제대로 쓰였는지 눈을 크게 뜨고 살펴봐!

정답 ①

도전 66일 차

3월 7일

글의 제목으로 알맞은 것을 고르세요.

모기 트랩

① 페트병을 적당한 크기로 잘라요.
② 따뜻한 물, 흑설탕, 이스트를 잘 섞어서 넣어요.
③ 페트병 입구를 뒤집어 통에 끼워요.
④ 겹치는 부분을 테이프로 붙여서 마무리해요.

 ① 모기 잡는 트랩 만들기 VS ② 모기 물렸을 때 대처법

문해력이 있어야 뚝딱뚝딱 만들 수 있어!

음식, 물건 등을 만드는 방법도 글을 제대로 읽어야 알 수 있어.
정확하게 읽고 이해해야 맛있는 음식,
정상적으로 작동하는 물건을 만들 수 있지.
이번 여름에는 모기 트랩을 직접 만들어서
모기를 퇴치해 보자!

정답 ❶

도전 67일 차

3월 8일

천체 여행 프로그램에서 오후 2시 30분에 무엇을 하고 있을지 알맞은 것을 고르세요.

탐색확인

일일 프로그램
아빠와 함께하는 천체 여행

시간	내용
오전 9시	천문대 도착
오전 9시~10시	천문 영상물 시청
오전 10시~11시	어린이 천문대 소개
오전 11시~12시	재미있는 천체 강의
오후 12시	맛있는 점심시간
오후 1시~2시	별자리 스크린 여행
오후 2시~3시	천문 퀴즈 및 정리

❶ 천문 영상물 시청   ❷ 별자리 스크린 여행   ❸ 천문 퀴즈 및 정리

문해력이 좋아야 즐거운 여행이 가능해!

즐거운 여행을 가려면 일정을 잘 짜는 것도 중요해.
특히 여러 사람이 함께 가는 여행에서는 더욱 중요하지.
여행 일정표에 따라 내가 무얼 해야 할지 계획해 보자고!
앗, 천문대로 출발할 시간이야. 서둘러!

도전 68일 차

3월 9일

빈칸에 들어갈 알맞은 단어를 고르세요.

어휘지식

○○ 제과에서 매운맛이 나는 초콜릿을 ☐ 했다.

❶ 개발 VS ❷ 계발

비슷해 보이는 말도 맥락에 따라 정확하게 사용해야 해!

사람이 물건이나 제품을 만드는 것은 '개발'이라고 해.
매운맛 초콜릿을 만든 거니까 '개발'이 맞아.
슬기나 재능, 생각 따위를 일깨워 주는 건 계발이야.
이때는 개발을 함께 쓸 수도 있어.

❶ 정답

도전 69일 차

3월 10일

편지를 읽고 수현이의 마음을 잘 이해한 친구를 고르세요.

분석평가

승원이에게

나의 친구 승원아, 매일 나와 함께 등교해 줘서 고마워.

그리고 우리 반 회장이 된 거 진심으로 축하해.

네가 나의 가장 친한 친구여서 네가 회장이 된 게 참 기뻐.

20○○년 3월 10일 수현 씀

 ❶ 수현이는 승원이와 따로 등교하고 싶어 한다.

VS

 ❷ 수현이는 승원이가 반 회장이 된 것을 진심으로 기뻐하고 있다.

편지는 읽는 사람을 생각하면서 써야 해.
글을 읽는 사람의 입장에서 편지를 쓰면 더 신중하게 쓸 수 있어.
그리고 편지는 스마트폰으로 문자를 보내거나,
대화를 하는 것과는 달라. 편지를 쓸 때는 자기의 마음을
정성스럽고 구체적으로 표현하는 것이 좋아.

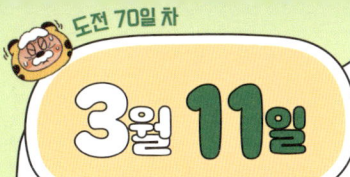

도전 70일 차 · 3월 11일

빈칸에 들어갈 알맞은 말을 고르세요.

어휘지식

친구들에게 나누어 줄 과자의 ☐ 를 세었다.

 ❶ 개수   VS   ❷ 갯수

맞춤법에 맞게 글자를 쓰는 것은
문해력의 기본이지.

많은 사람이 일상적으로 [개쑤]라고 발음하기 때문에 글자로 쓸 때 헷갈리는 경우가 많아. 맞춤법 규정에 따르면 개수에는 사이시옷을 붙이지 않기 때문에 '개수'로 쓰는 게 알맞은 표현이야.

정답 ❶

도전 71일 차

 3월 12일

지진 대피 안내문을 읽고 알맞게 행동한 친구를 고르세요.

활용 적용

지진으로 흔들릴 때	건물 밖으로 나갈 때	건물 밖으로 나왔을 때

지진으로 흔들리는 동안 탁자 아래로 들어가 몸을 보호하고, 탁자 다리를 꽉 잡는다.	건물 밖으로 나갈 때에는 계단을 이용하여 신속하게 이동한다. (엘리베이터 사용 금지)	건물 밖에서는 가방이나 손으로 머리를 보호하여 건물과 거리를 두고 주위를 살피며 대피한다.

 ❶ 지진으로 건물이 흔들려서 우선 동생과 탁자 밑으로 피했어.

 ❷ 지진이 일어나서 건물 밖으로 빠르게 나가려고 엘리베이터를 탔어.

위급할 때 당황하면 어떻게 해야 할지 생각이 잘 떠오르지 않아.

그래서 안전하게 생활하기 위해 이런 안내문이 필요한 거야. 안내문을 평소에 잘 읽고 기억해 두자. 위험한 일이 벌어지면 침착하게 안내문의 내용에 따라 행동하면 돼! 그럼 불이 났을 때는 어떻게 하지? 화재 대피 안내문을 찾아보자. 안전이 제일이야!

사다리를 타고 내려가 단위를 세는 표현을 알아보세요.

대상에 따라 세는 단위가 달라져!

우리말은 참 신기해. 말하고자 하는 대상에 따라 그 단위가 달라지니 말이야. 오늘 나는 생선 2개와 과일 5마리를 사서 친구 3권과 함께 맛있는 저녁을 먹을 거야. 응? 무슨 말이냐고? 단위를 잘못 쓰니 우스운 말이 되어 버렸지? 그러니까 단위도 대상에 맞게 정확하게 쓰자.

※ 맨 뒤에서 정답을 확인해 보세요.

3월 14일

글을 읽고 '플라시보 효과'를 알맞게 이해한 친구를 고르세요.

플라시보 효과는 가짜 약을 먹었는데도 병이 나아지는 현상을 말해요. 예를 들어 진짜 약이 아닌 설탕으로 만들어진 알약을 먹고도 환자가 기분이 좋아지거나 병이 나아지는 경우이지요. 이런 현상이 발생하는 이유는 약을 먹으면 나을 거라는 믿음 때문이에요. 의사들은 종종 연구를 위해서 플라시보 효과를 이용하기도 해요. 플라시보 효과는 우리의 생각이 몸에 얼마나 강력한 영향을 미칠 수 있는지를 보여 주는 예예요.

❶ 배가 아파서 병원에서 처방해 준 소화제를 먹었다.

❷ 배가 아파서 할머니가 "할머니 손은 약손."이라며 배를 문질러 주니 나아졌다.

글 내용을 나의 경험과 연결해 보자!

어려운 내용이 나오는 글에서는 내가 직접 경험한 걸 적극적으로 떠올려 봐. 그러면 복잡한 것도 쉽게 이해할 수 있어! 할머니 손이 소화제는 아니지만, 할머니가 손으로 배를 문질러 주시면 배가 정말 감쪽같이 나아지는 것 같아. 이것이 바로 플라시보 효과!

도전 74일 차

3월 15일

상장을 읽고 내용에 알맞으면 O, 알맞지 않으면 X 하세요.

글벗상

2학년 3반 먼솔이

위 어린이는 책 읽기에 남다른 흥미를
가지고 있으며, 바람직한 독서 습관을
기르기 위해 꾸준히 노력하였기에
이 상장을 주어 칭찬합니다.

20○○년 3월 15일
문해력 초등학교장 ○○○

❶ 먼솔이는 문해력 초등학교에 다닌다. ( )
❷ 먼솔이는 그림 대회에서 상을 받았다. ( )
❸ 먼솔이는 다음 해에 초등학교 2학년이 된다. ( )

상장은 칭찬의 내용을
글로 적어 공식적으로 알리는 거야!

상장에는 누가, 왜, 어떻게 상을 받게 되었는지,
그리고 누가 이 상을 주는지가 나와 있어! 나는 문해력 수련을
꾸준히 하는 친구들에게 상을 주고 싶군!

정답 ❶ O ❷ X ❸ X

도전 75일 차

3월 16일

빈칸에 들어갈 알맞은 단어를 골라 관용어를 완성하세요.

어휘지식

☐ 빠진 호랑이

어흥!

하나도 안 무서워! 덤벼 봐!

❶ 이   VS   ❷ 이빨

비슷한 말도 맥락에 따라 다르게 써야 해!
'이빨'은 '이'를 낮잡아 이르는 말로,
사람보다는 동물의 '이'를 의미해.
그러므로 빈칸에는 호랑이니까 '이빨'이 맞아.
사람에게는 '이'나 '치아'를 쓰는 게 바람직하지!

정답 ❷

도전 76일 차

3월 17일

알림장을 읽고 내용에 알맞으면 O, 알맞지 않으면 X 하세요.

분석평가

날짜 20○○년 3월 17일 월요일 | **메모** 이름표 잘 달고 다니기

1. 일기 쓰기
2. 색종이 1묶음(10장) 가져오기
3. 가정 통신문 사인 받아 오기(~3/19)
4. 오늘 본 받아쓰기 시험에서 틀린 문장 3번씩 써 오기
5. 체육복 입고 오기

❶ 3월 17일에 받아쓰기 시험을 보았다. ( )
❷ 3월 18일은 체육 수업이 있는 날이다. ( )
❸ 가정 통신문은 3월 18일까지 사인을 받아야 한다. ( )

앞으로 해야 할 일을 꼼꼼하게 기록해 두면 좋아.
중요한 일을 잊지 않고 내 생활의 이모저모를 잘 기억해
둘 수 있거든. 앞으로 해야 할 일도 분명하게 기억할 수 있고!
가정 통신문에 사인을 받아 가는 건 19일까지이므로
내일이 아니라 내일모레까지야.

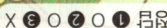
정답 ❶ O ❷ O ❸ X

3월 18일

빈칸에 들어갈 알맞은 단어를 고르세요.

회장은 친구들이 하는 일에 ☐ 했다.

① 참여 VS ② 참견

비슷하게 보이는 말이라도 긍정과 부정으로 의미가 다를 수 있어!

회장이 친구들을 돕기 위해 여러 가지 일을 한다면 '참여'하는 거야. 하지만 친구들이 하는 모든 일에 간섭해서 귀찮게 한다면 그건 '참견'하는 것이 되겠지. 조고수는 친구들 문해력 향상을 돕기 위해서 참견이 아닌 참여를 하지. 후훗.

도전 78일 차

3월 19일

도서관 안내문을 읽고 알맞게 행동한 친구를 고르세요.

활용적용

도서관 예절

- 도서관 출입 시 음식물은 반입하지 말아 주세요.
- 도서, 자료 등에 낙서하지 말아 주세요.
- 도서관 출입 시 휴대 전화는 무음, 진동으로 해 주세요.
- 열람실 자리 이용 후 정리 정돈 해 주세요.

❶ 책에서 중요한 내용에 연필로 밑줄을 그었다.

❷ 열람실 자리에서 일어날 때 자리를 말끔히 정리했다.

문해력이 좋은 우리는 규칙을 잘 지키는 사람!
도서관, 미술관 같은 공공장소에서는 규칙이 필요해.
도서, 자료에 낙서하지 말라고 했으니 ❶은 잘못 이해하고
행동한 거야. 이런 안내문은 직접 스스로 적용해 보는 게 좋아.
내친김에 오늘 도서관에 가서 안내문을 읽어 보고
실천해 보자. 도서관으로 출발!

도전 79일 차

3월 20일

단어의 알맞은 뜻을 찾아 선을 이으세요.

단어	뜻
당돌하다	말이나 행동이 점잖고 무게가 있다.
헤프다	꺼리거나 어려워하는 마음이 조금도 없이 올차고 다부지다.
의젓하다	말이나 행동 따위를 삼가거나 아끼는 데가 없이 마구 하는 듯하다.
수줍다	숫기가 없어 다른 사람 앞에서 말이나 행동하는 것이 어렵거나 부끄럽다.

상황에 어울리는 표현을 많이 알면 좋아!

사람이 처하는 여러 가지 상황은 조금씩 의미가 달라.
그러니 다양한 표현을 사용해서 작은 의미의 차이를
정확하게 표현하는 연습을 해 보자.
문해력 수련을 매일 하는 친구들, 참으로 의젓한걸?

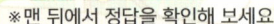

도전 80일 차

3월 21일

일기 예보를 보고 알맞게 행동한 친구를 고르세요.

전국이 대체로 맑겠지만 꽃샘추위에 날씨는 쌀쌀합니다. 오늘은 낮과 밤의 길이가 같아진다는 절기인 '춘분'입니다. 오늘부터 낮은 조금씩 길어지겠지만, 꽃샘추위에 대비해서 옷을 따뜻하게 입으셔야겠습니다. 어제보다 기온이 5도 안팎 떨어지기 시작하고, 내일도 하늘은 대체로 맑고 꽃샘추위가 이어지다가, 모레부터 기온이 오르겠습니다.

주말부터 **꽃샘추위**

금	토	일	월
13°	12°	18°	19°

 ❶ 날씨가 대체로 맑다고 하니 옷을 얇게 입어야지.

VS

 ❷ 꽃샘추위를 대비해서 옷을 따뜻하게 입어야지.

우리는 날씨와 함께 지내.
그래서 날씨를 잘 읽어야 해.
아직은 꽃샘추위 때문에 날씨가 쌀쌀해서 옷을 따뜻하게 입어야 해. 일기 예보를 보고 적절하게 옷을 입는 것도 중요하지. 에취! 그나저나 꽃샘추위는 언제 가려나?

3월 22일

글을 읽고 물을 절약하는 방법으로 알맞은 것에 O, 알맞지 않은 것에 X 하세요.

일상생활에서 물을 가장 많이 사용하는 장소는 어디일까요? 바로 욕실이라고 해요. 양치하거나 세수할 때 물을 계속 틀어 놓는데, 이때 약 108리터의 물이 버려진다고 해요. 그러므로 양치 컵을 활용하거나, 물을 받아 놓고 세수를 한다면 물을 절약할 수 있겠죠? 또한 오래 샤워하지 않고 빠르게 샤워한다면 약 2분가량의 시간을 줄여 약 24리터의 물을 아낄 수 있다고 해요. 평소에 이런 습관을 실천해 볼까요?

❶ 양치할 때 컵을 사용한다. ( )
❷ 세수할 때 물을 계속 틀어 놓고 한다. ( )
❸ 샤워할 때 오래하지 않고 빠르게 한다. ( )

문해력이 좋으면 물도 아낄 수 있어!
글을 읽을 때 분명하게 드러난 정보를 파악하는 것이 기본이야. 이 글에서 양치, 세수, 샤워를 할 때 어떻게 물 사용량을 줄일 수 있는지 확인해 보자. 참고로 세수할 때는 물을 받아 놓고 해야 물을 훨씬 아낄 수 있어.

정답 ❶ O ❷ X ❸ O

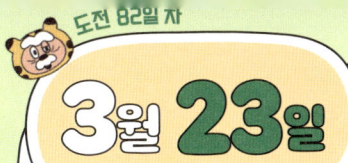

3월 23일

밑줄 친 단어와 의미가 같은 것을 고르세요.

창문으로 시원한 <u>바람</u>이 불었다.

❶ 나의 <u>바람</u>대로 내일 흰 눈이 왔으면 좋겠다.
❷ <u>바람</u>이 세게 불어서 동생의 모자가 날아갔다.
❸ 우리 반의 간절한 <u>바람</u>대로 노래 대회에서 1등을 했다.

모양과 소리가 같지만 뜻이 다른
단어들을 구별해 보자!

솔솔 부는 '바람'과 어떤 일이 이루어지기를 바라는
간절한 마음의 '바람'은 모양과 소리는 같지만 뜻이 완전히 달라!
3월의 어느 날 아침에 눈을 뜰 때 눈이 오길 바라는 건
너무 무리한 바람일까?

3월 24일

시를 읽고 느껴지는 감각에 알맞은 번호를 쓰세요.

❶ 봄바람이 땅에서 솟은 초록 깃발을 슬며시 당긴다.
❷ 까치가 날개깃 손뼉을 치며 응원한다.
❸ 1년 만에 맡는 구수한 흙 내음
❹ 봄바람이 꽃망울을 쓰다듬는다.
❺ 봄바람이 달콤한 봄비를 핥는다.

(1) 귀 ( )   (2) 눈 ( )   (3) 코 ( )   (4) 입 ( )   (5) 손 ( )

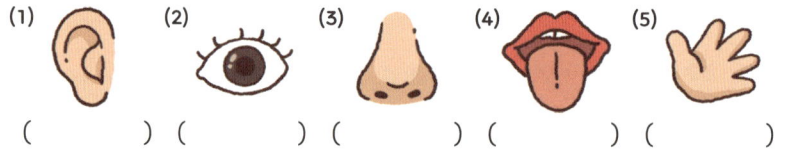

우리의 감각을 자극하는 표현을
'감각적 표현'이라고 해.

글을 읽는데 냄새가 느껴진다면 코와 연결된 후각,
색깔, 모양, 움직이는 장면이 보인다면 눈과 연결된 시각,
소리가 들리는 느낌이 든다면 귀와 연결된 청각,
여러 맛이 느껴지면 혀로 느끼는 미각,
손으로 만져지거나 닿는 느낌이 들면
몸으로 반응하는 촉각이야!

정답 (1) ② (2) ② (3) ① (4) ⑤ (5) ④

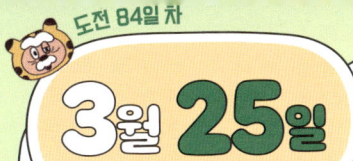

다음 속담의 뜻으로 알맞은 것을 고르세요.

도토리 키 재기

내가 더 커!
아니야, 내가 더 커!

 ❶ 서로 비슷비슷하여 견주어 볼 필요가 없다.

VS

❷ 아무리 해도 도저히 이길 수 없다.

도토리를 본 적 있니?
아주 작고 귀여운 열매야.

크기가 비슷한 도토리들이 서로 자기가 더 크다고 다툰다고 생각해 봐. 웃음이 절로 나오지 않아? 모두가 거기서 거기인데 말이야. 먼말이와 먼솔이의 문해력은 서로 도토리 키 재기?

❶ 정답

3월 26일

글을 읽고 알맞게 이해한 친구를 고르세요.

1909년 10월 26일, 안중근 의사는 중국 하얼빈역에서 일본의 이토 히로부미를 사살했습니다. 이토 히로부미는 조선을 식민지로 만드는 데 중요한 역할을 한 인물이었습니다. 안중근 의사는 조국의 독립을 위해 이 일을 결심했습니다. 그는 체포된 후 재판에서 자신의 행동이 조국의 독립을 위한 정당한 저항임을 주장했습니다. 결국, 안중근 의사는 1910년 3월 26일에 순국*했습니다.

*순국: 나라를 위해 목숨을 바침.

 ❶ 역사는 너무 어려워. 나와 상관없는 일이야.

 VS

 ❷ 나라를 위해 목숨을 바친 안중근 의사의 용기가 대단해.

역사를 통해서 많은 것을 배우고 감동하게 돼. 나라를 위해 목숨을 바친 분들에 대한 글을 읽으면, 마음이 벅차고 가슴이 뛰어. 이제부터 나와 함께 역사와 관련된 글도 읽어 볼 거야. 차근차근 읽다 보면 더 잘 읽히고 역사에 대한 관심이 자연스레 생길걸!

도전 86일 차

가로세로 어휘 퍼즐을 완성하세요.

가로 열쇠
① 물건이나 제품을 만드는 것. 토지 ○○, 신제품 ○○.
② 말이나 행동이 점잖고 무게가 있다.
③ 물, 음료 따위를 빨아올리는 데 쓰는 가는 대.

세로 열쇠
❶ 한 개씩 낱으로 셀 수 있는 물건의 수효.
❷ 의로운 지사를 이르는 말.
❸ '이'를 낮잡아 이르는 말.
❹ 조직이나 집단을 대신하여 일을 하거나, 여러 사람의 의사를 대신하여 나타내는 사람.

※ 맨 뒤에서 정답을 확인해 보세요.

도전 87일 차

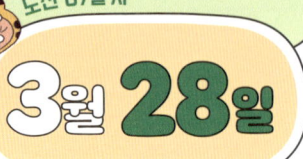

글을 읽고 알맞게 이해한 친구를 고르세요.

통합 해석

　개인 정보는 이름, 주소, 전화번호와 같은 우리의 중요한 정보입니다. 다른 누군가가 개인 정보를 이용해 나쁜 행동을 할 수 있기 때문에 개인 정보를 잘 지키는 것이 중요합니다. 예를 들어 인터넷에서 개인 정보를 잘못 입력하면 해커들이 이 정보를 훔쳐 온라인 사기, 보이스 피싱, 스미싱 등에 나쁜 목적으로 활용할 수 있습니다. 그래서 개인 정보는 인터넷에서는 신중하게 사용하고 함부로 공개해서는 안 됩니다.

 ❶ 개인 정보는 신중하게 사용하고 잘 지켜야 한다.

 ❷ 온라인에서 더 많은 친구를 사귀려면 개인 정보를 공개해야 한다.

문해력은 생각의 흐름을 파악하는 힘이야!
"개인 정보가 중요하다. ➡ 인터넷에서 개인 정보를 훔쳐 나쁜 일을 하는 사람들이 많다. ➡ 개인 정보를 잘 지켜야 한다."
이렇게 글에 담긴 생각의 흐름을 잡아 보자!
생각의 흐름을 따라가면 핵심이 보일 거야!

 ❶ 답정

도전 88일 차

3월 29일

급식표를 보고 수요일에 나오는 메뉴로 알맞은 것을 모두 고르세요.

탐색확인

3/24(월)	3/25(화)	3/26(수)	3/27(목)	3/28(금)
보리밥 오징어묵국 버섯불고기 무생채 오렌지	혼합잡곡밥 콩나물국 제육볶음 배추김치 바나나	현미밥 호박된장찌개 간장찜닭 도라지무침 토마토	흑미밥 계란국 고추잡채 깍두기 꽃빵	완두콩밥 쑥갓어묵국 돈가스 메추리알조림 배추김치

❶ 현미밥

❷ 호박된장찌개

❸ 돈가스

글과 그림을 연결하는 것도 문해력이야!

급식표의 음식들은 글로 표현되어 있어.
그걸 보고 이번 주 메뉴는 무엇이 나올지 상상해 보자.
생각만 해도 기대되지 않아? 내가 제일 좋아하는 메뉴인
❸ 돈가스는 수요일이 아니라 금요일에 나와.
꼬르륵. 벌써부터 배고픈데?

3월 30일

빈칸에 들어갈 알맞은 단어를 고르세요.

한 무리의 고양이 [ ] 가 낮잠을 자고 있다.

❶ 떼   vs   ❷ 때

'떼'와 '때'의 차이, 혹시 기억나니?

오늘은 힌트가 없어. 앞에서 배웠던 걸 기억하는지 확인할 거니까. 기억이 안 난다고? 그렇다면 2월 15일 수련 내용을 다시 한번 찾아봐! 나도 고양이 떼 사이에서 같이 낮잠을 자고 싶군.

❶ 정답

도전 90일 차

3월 31일

체크리스트를 확인해 보며 나의 말하기 습관을 점검해 보세요.

✓ 메타인지

체크리스트

	예	아니요
❶ 발음을 정확하게 해서 말했나요?	☐	☐
❷ 말의 속도가 너무 빠르지 않았나요?	☐	☐
❸ 너무 자신감 없이 말하지 않았나요?	☐	☐
❹ 대화를 나눌 때 순서를 지켰나요?	☐	☐
❺ 대화를 나눌 때 말끝을 흐리지 않았나요?	☐	☐
❻ 바르고 고운 언어 표현을 사용했나요?	☐	☐

내가 말하는 모습을 핸드폰으로 찍어서 직접 확인해 봐.

5~6개 이상 표시했다면 올바르게 말하고 있다고 할 수 있어. 대화할 때 예의를 갖추어 분명하게 말하면 좋아. 다양한 표현을 사용하면 더욱 좋고. 그래야 듣는 사람이 내 말을 잘 이해할 수 있고, 나도 즐겁게 대화할 수 있지!

도전 91일 차

독서 감상문을 읽고 내용에 알맞으면 O, 알맞지 않으면 X 하세요.

분석평가

도서명	톰 소여의 모험	읽은 날짜	5월 22일
작가	마크 트웨인	출판사	웅진주니어

『톰 소여의 모험』은 호기심이 많은 톰 소여와 친구들의 유쾌한 모험을 담은 책이다. 나도 친구들과 함께 모험을 떠나고 싶다는 생각이 들었다. 모험과 보물 찾기를 좋아하는 친구들이 재미있게 읽을 것 같다.

❶ 마크 트웨인 출판사의 책을 읽었다. ┄┄┄┄┄┄┄┄┄┄ (   )
❷ 5월 22일에『톰 소여의 모험』을 읽었다. ┄┄┄┄┄┄┄┄ (   )
❸『톰 소여의 모험』은 모험과 보물에 대한 이야기를 담았다. ┄ (   )

독서 감상문을 잘 쓰려면
책 표지도 꼼꼼히 읽어야 해.

책 표지에 있는 제목, 지은이와 출판사도 독서 감상문에 넣어야 해. 무엇보다 중요한 것은 내가 책을 읽고 느낀 점을 솔직하게 적는 거야. 이 친구는『톰 소여의 모험』을 읽었네. 마크 트웨인은 출판사가 아니라 작가의 이름이야.

정답 ❶ X ❷ O ❸ O

4월 2일

다음 상황에 어울리는 속담을 고르세요.

학교가 끝나고 집에 돌아온 연수는 당황했어요. 아껴 먹으려고 포장도 뜯지 않은 과자를 동생이 다 먹어 버렸거든요. 연수는 화가 나서 울기 시작했어요. 동생은 형이 아끼는 과자인 줄 몰랐나 봐요. 동생은 "형, 정말 미안해. 내가 용돈 모아서 더 맛있는 과자 사 줄게."라고 사과했어요. 연수는 동생의 진심 어린 사과에 마음이 풀렸어요. 연수는 "괜찮아, 다음부터는 혼자 다 먹지 말고 같이 먹자."라고 대답했어요. 이처럼 좋은 말 한마디가 큰 문제를 해결할 수 있어요.

 ❶ 발 없는 말이 천 리 간다 VS ❷ 말 한마디에 천 냥 빚도 갚는다

글에 나타난 상황을 속담으로 바꾸어 보아도 재미있지.

형의 속상한 마음을 무엇이 해결했을까? 바로 동생의 말 한마디야. 동생의 말 한마디에 형의 마음이 풀렸어. 상황을 속담으로 표현한다면 '말 한마디에 천 냥 빚도 갚는다'가 어울려. 말로 어려운 일이나 불가능한 일도 해결할 수 있다는 뜻이야.

정답: ❷

도전 93일 차

4월 3일

가정 통신문을 읽고 내용에 알맞으면 O, 알맞지 않으면 X 하세요.

활용적용

가정 통신문

슬기롭고 바르게

1. **일시:** 2020년 4월 10일 목요일 오전 9시~오후 2시
2. **대상:** 3학년 학생 전원
3. **장소:** 광주 도예 센터
4. **활동 내용:** 도자기 그릇 만들기
   (만든 도자기는 3주 뒤에 학교로 배송됩니다.)
5. **준비물:** 도시락, 물, 간식, 돗자리, 비닐 봉지

❶ 체험 학습은 4월 10일 목요일에 간다. ………………… (   )
❷ 체험 학습은 1학년부터 6학년까지 모든 학년이 참여한다. (   )
❸ 만든 도자기는 3주 뒤에 광주 도예 센터로 찾으러 가야 한다. (   )

가정 통신문에는 중요한 정보가 무척 많아.

가정 통신문에 있는 정보는 잘 기억할 수 있도록 여러 번 꼼꼼하게 읽어야 해. 도자기 그릇 만들기는 모든 학년이 아니라 3학년만 참여해. 만든 도자기는 학교로 배송되어서 직접 찾으러 가지 않아도 돼. 그나저나 목요일에는 절대 지각하면 안 되겠다!

정답 ❶ O ❷ X ❸ X

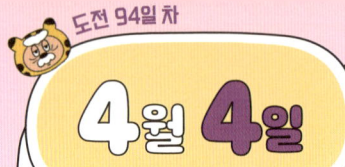

4월 4일

뜻이 반대되는 단어를 찾아 알맞게 선을 이으세요.

뜨겁다	좁다
넓다	차갑다
밝다	어둡다
빠르다	춥다
덥다	느리다

반대말을 알면 단어의 관계가 보여.

단어도 우리와 마찬가지로 관계를 맺고 있어.
단어의 뜻이 서로 정반대되는 관계에 있는 말이 반대말이야.
'남자'와 '여자', '위'와 '아래', '왼쪽'과 '오른쪽' 등이 해당해.
반대말을 알면 관계를 알게 되니까 이해력이 넓어지고.
문해력이 강해지는 거야.

※ 맨 뒤에서 정답을 확인해 보세요.

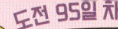

4월 5일

글을 읽고 알맞게 이해한 친구를 고르세요.

　우리는 숨을 쉴 때 산소를 들이마시고 이산화 탄소를 내뿜어요. 풀과 같은 식물은 이산화 탄소를 흡수해 산소를 만들어요. 하지만 자동차와 공장에서 나오는 많은 이산화 탄소는 지구의 기온을 높여 환경에 나쁜 영향을 줄 수 있어요.

 ❶ 나무를 많이 심고, 자전거를 타서 환경을 보호한다.

 ❷ 이산화 탄소는 식물에 필요하니까 자동차를 더 많이 이용한다.

문해력으로 지구를 구하자!

우리는 산소를 들이마시고 이산화 탄소를 내뿜어. 나무나 풀은 이산화 탄소를 흡수해서 산소를 만들고. 그렇다면 우리는 무슨 일을 해야 할까? 짐작할 수 있지? 이산화 탄소가 식물에 필요하니까 자동차를 더 많이 이용하자는 ❷의 설명은 잘못되었어.

정답 ❶

4월 6일

교통안전 안내문을 읽고 알맞으면 O, 알맞지 않으면 X 하세요.

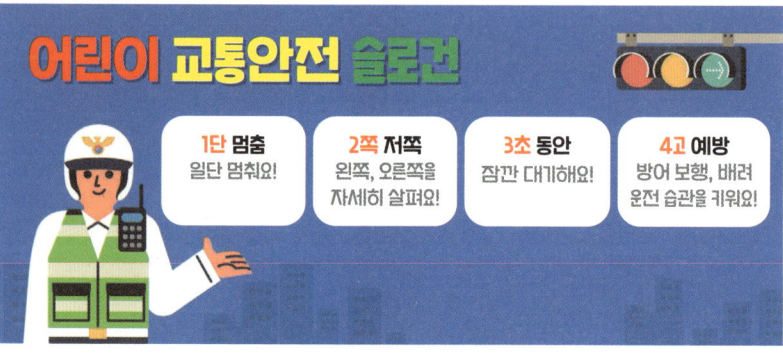

❶ 신호등의 신호가 바뀌면 빠르게 바로 건넌다. ( )

❷ 신호등의 신호가 바뀌어도 3초 동안 기다린다. ( )

❸ 횡단보도를 건널 때 왼쪽, 오른쪽을 자세히 살핀다. ( )

자세하게 읽고 철저하게 지키자!

횡단보도에서 일단 멈추어야 하는 이유는 바로 우리 보행자의 안전을 위해서! 왼쪽, 오른쪽을 자세히 살피고 초록불이 켜져도 바로 건너지 않고 3초 동안 기다려야 해.
오늘 횡단보도를 건널 때 실천해 보자!

정답 ❶ X ❷ O ❸ O

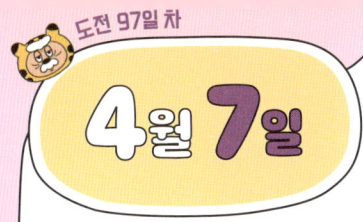

도전 97일 차
4월 7일

빈칸에 들어갈 알맞은 어휘를 고르세요.

어휘지식

친구들이 내 생일을 ☐ 속상했다.

❶ 잊어버려서 VS ❷ 잃어버려서

어른들도 가장 많이 틀리는 말 중 하나가
'다르다'와 '틀리다'야.
'잊어버리다'는 기억하지 못한다는 뜻이고,
'잃어버리다'는 가졌던 물건이 없어졌다는 뜻이야.
친구들이 생일을 기억하지 못하는 거니까
'잊어버려서'가 들어가는 게 맞아!

❶ 정답

4월 8일

다음 글을 읽고 내용에 알맞으면 O, 알맞지 않으면 X 하세요.

 분석 평가

 영호: 얘들아, 다음 주에 반 축구 대회가 있어. 축구 감독을 뽑으려고 하는데 추천해 줘.

: 해미 어때? 해미 아빠가 축구 감독이래.

 **주희**: 해미는 책만 읽는 친구잖아. 축구는 잘 모를 거야. 난 반대야!

: 축구는 못해도 감독은 잘할 수 있지 않을까.

 **진혁**: 해미를 불러서 어떤지 의견을 들어 보자. 해미의 의견도 중요해.

❶ 주희는 고정 관념으로 해미의 축구 실력을 평가했다. ············ (   )
❷ 진혁이처럼 다른 사람의 의견을 듣는 태도가 필요하다. ······· (   )

글로 나누는 메신저 대화에서도 문해력이 필요하지.
네 명의 대화를 보면 주희는 다른 사람의 생각을 받아들이지 않고
반대하고 있어. 사실 해미가 축구를 못하는지 아무도 몰라.
SNS를 할 때 나는 어떤 태도로 대화하는지 살펴볼까?

정답 ❶ O ❷ O

4월 10일

어린이 놀이터 이용 안내문을 읽고 알맞게 행동한 친구를 고르세요.

어린이 놀이터

❶ 어린이 놀이터에 설치된 놀이기구는 어린이의 놀이를 위한 것이니 어른들은 사용을 자제해 주십시오.

❷ 어린이는 반드시 보호자와 동행하며, 보호자는 어린이에게 놀이터 이용 안전 수칙을 알려 주시길 바랍니다.

❸ 어린이의 위생 관리를 위하여 반려동물의 출입을 금지합니다.

 ❶ 놀이터에서 반려동물과 함께 미끄럼틀을 타고 놀았어.

 ❷ 아빠는 놀이터 벤치에 앉아 계시고 나와 동생은 시소를 탔어.

안전하게 함께 즐기는 놀이터를 만들자!

놀이터에 반려동물이 들어오면 똥이나 오줌을 눌 수 있어서 놀이터를 깨끗하게 관리하기 어려워. 그러니까 반려동물과 함께 놀이터에서 논 ❶은 알맞지 않은 행동이야.

정답 ❷

도전 101일 차

4월 11일

빈칸에 들어갈 알맞은 단어를 고르세요.

4월 11일은 대한민국 임시 정부가 ☐ 된 것을 기념하는 날이에요. 대한민국 임시 정부는 3.1 운동 이후 일본에 맞서 독립 운동을 이끌어 나갔어요. 외교 활동에 집중하였으며, 독립신문을 발행하여 국내와 해외에 적극적으로 우리나라의 독립운동 소식을 전했어요. 대한민국 임시 정부는 독립운동의 중심 역할을 하기 위해 다방면으로 노력했어요.

❶ 수립　　❷ 건립　　❸ 건설

어려운 단어는 사전을 찾아보자!

헷갈리거나 어려운 단어는 사전에서 찾아보는 게 좋아.
- **수립** 뜻 국가나 정부, 제도, 계획 따위를 이룩하여 세움.
- **건립** 뜻 건물, 기념비, 동상, 탑 따위를 만들어 세움.
- **건설** 뜻 건물, 설비, 시설, 조직 등을 새로 만들어 세움.

자, 이젠 답을 알겠지?

정답 ❶

도전 102일 차

4월 12일

글을 읽고 내용에 알맞으면 O, 알맞지 않으면 X 하세요.

통합해석

  모래 고양이는 사막이라는 환경에서 살아가는 뛰어난 생존자이다. 낮에는 뜨거운 태양을 피해 굴에서 휴식을 취하고 주로 밤에 사냥한다. 모래 고양이는 재빠른 몸놀림으로 사막에서 빠르게 달릴 수 있으며, 청각이 매우 발달해 아주 미세한 소리도 감지한다. 모래 고양이는 작은 파충류나 설치류를 잡아먹는다. 모래 고양이가 서식하는 사막에는 물이 거의 없으므로 먹이에서 수분을 섭취한다.

❶ 모래 고양이는 더위에 강해 주로 낮에 사냥한다. ( )
❷ 모래 고양이는 주로 먹이를 통해 물을 섭취한다. ( )
❸ 모래 고양이는 시각이 발달해 아주 먼 곳을 볼 수 있다. ( )

상식이 때로는 좋은 이해력과 판단력을 갖게 해 줘.

생명체가 물 없이 살 수 있을까? 대부분의 생명체는 수분을 섭취해야 살 수 있어. 이건 상식이야. 그럼 모래 고양이가 생명을 유지하기 위해서는 어떤 방법으로 수분을 섭취해야 할까? 바로 먹이야. 먹이로 수분을 섭취하는 거지.

정답 ❶ X ❷ O ❸ X

4월 13일

유튜브 동영상 화면을 보고 내용에 알맞으면 O, 알맞지 않으면 X 하세요.

독도 수비대 삼총사

K-독도 삼총사 [구독]
구독자 7천 명

조회 수 158만 회 6년 전

❶ 이 동영상은 6년 전에 업로드되었다. ( )

❷ 이 동영상은 다 보는 데 50분이 넘게 걸린다. ( )

❸ 이 동영상에 '좋아요'를 누른 사람의 수는 158만 명이다. ( )

유튜브를 볼 때도 문해력이 필요하는 사실!

이 채널의 이름은 'K-독도 삼총사'야.
❸에서 158만 명은 '좋아요'를 누른 사람의 수가 아니라 조회 수야.
그나저나 이 채널의 구독자는 7천 명이나 되네?
부럽다, 내 구독자는 먼말이와 먼솔이밖에 없는데….

정답 ❶O ❷X ❸X

도전 105일 차

4월 15일

글을 읽고 알맞게 이해한 친구를 고르세요.

분석평가

미세 먼지와 황사는 모두 공기를 더럽히는 먼지입니다. 미세 먼지는 아주 작은 먼지로, 자동차나 공장에서 나옵니다. 우리 눈에 보이지 않지만 숨을 쉴 때 몸에 들어와 건강에 나쁩니다. 황사는 중국이나 몽골의 사막에서 불어오는 큰 먼지입니다. 봄에 많이 발생하며, 노란색 먼지가 바람을 타고 날아옵니다. 황사는 눈으로 볼 수 있는데 황사가 불 때는 마스크를 쓰는 것이 좋습니다. 미세 먼지와 황사 모두 공기를 더럽혀 건강에 해로우므로, 날씨 정보를 잘 확인하고 대비하는 것이 중요합니다.

❶ 미세 먼지와 황사의 같은 점과 다른 점에 대해 설명했다.

❷ 미세 먼지와 황사를 줄여야 하는 방법에 대해 설명했다.

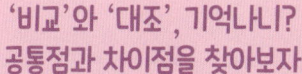

'비교'와 '대조', 기억나니?
공통점과 차이점을 찾아보자.

미세 먼지와 황사가 우리 건강에 해롭다는 것은 공통점이야. 미세 먼지는 우리 주변에 있는 자동차, 공장에서 나오지만 황사는 국경을 건너서 넘어와. 이것은 차이점이지.

정답 ❶

도전 106일 차

4월 16일

빈칸에 들어갈 알맞은 단어를 골라 관용어를 완성하세요.

어휘지식

누가 내 얘길 하나?

속닥속닥 속닥속닥

귀가 ☐

① 가렵다   ② 가볍다   ③ 두껍다

먼말이와 먼솔이가 내 얘기를 하고 있나?

'귀가 가렵다'는 귀가 정말 가려운 게 아니라 남이 나에 대한 말을 한다고 느낄 때 쓰는 표현이야. '귀가 간지럽다'도 뜻이 같은 관용어야. 귀가 들어간 관용어를 더 알아볼까?

귀가 얇다 뜻 남의 말을 쉽게 받아들이다.
귀가 아프다 뜻 너무 여러 번 들어서 듣기가 싫다.

4월 17일

글의 제목으로 알맞은 것을 고르세요.

옛사람들에게 호랑이는 두려움의 대상이면서 한편으로는 경외하는 대상이었어요. 그래서 호랑이를 숲의 주인이라 부르며 숭배하기도 하고, 호랑이 그림을 그려 나쁜 기운을 물리치기도 했어요. 호랑이는 1988년 우리나라에서 개최한 올림픽의 마스코트로 선정되기도 했지요. '호랑이 담배 피우던 시절에', '호랑이가 포효하는 모습의 한반도', '호랑이의 기상'이라는 표현이 있을 정도로 우리 생활 가까이에서 호랑이를 찾아볼 수 있어요.

 ❶ 호랑이를 볼 수 있는 곳

VS

 ❷ 예로부터 사랑받은 동물, 호랑이

글이 길고 정보가 많다고?
어려워도 포기하지 말고 끝까지 읽어 보자.

이 글을 다른 사람에게 설명해 준다고 생각해 봐. 가장 중요한 내용이 가장 먼저 떠오를 거야. 내가 먼저 이 글을 짧게 정리해 볼게. "호랑이는 옛날부터 지금까지 우리나라 사람들에게 사랑받았다." 우리 친구들도 앞으로 글을 짧게 정리하는 연습을 해 보자.

도전 108일 차
4월 18일

빈칸에 들어갈 알맞은 단어를 고르세요.

어휘지식

간식을 사 먹는 데 용돈을 다 써서 ☐ 이다.

 ❶ 빈털털이   VS   ❷ 빈털터리

소리 나는 대로 쓴 것 같지만 아니야!

받침으로 써야 하는데 소리 나는 대로 써서 틀리는 경우가 있지. '목걸이'라고 써야 하는데 '목거리'라고 쓰는 것처럼 말이야. 하지만 아무것도 가진 것이 없는 가난뱅이가 된 사람인 '빈털터리'는 그대로 써야 해. 그나저나 용돈 받는 날까지 얼마나 남았지?

정답 ❷

4월 19일

글을 읽고 내용에 알맞으면 O, 알맞지 않으면 X 하세요.

　4·19 혁명은 1960년 4월 19일에 일어난 중요한 역사적 사건이에요. 당시 많은 학생과 시민이 거리로 나와서 시위를 했어요. 대통령이 부정한 방법으로 선거를 해서 사람들이 화가 났기 때문이에요. 사람들은 공정한 선거와 자유를 요구했어요. 이 시위로 인해 대통령은 자리에서 물러나고, 정권이 바뀌었어요. 우리나라에 민주주의가 자리 잡게 된 계기가 되었어요.

❶ 4·19 혁명으로 대통령이 자리에서 물러났다. ( )
❷ 4·19 혁명은 우리에게 공정과 자유를 알려 주는 사건이다. ( )
❸ 4·19 혁명으로 우리나라의 민주주의는 한발 후퇴하게 되었다. ( )

문해력을 갖추면 민주주의도 지킬 수 있어.

정부는 국민들이 인간답게 살 수 있도록 돕고 사회 질서를 바로잡는 일을 해. 4·19 혁명은 나라를 이끄는 정부에서 공정하게 선거를 하지 않아서 일어났어. 글을 잘 읽으면 나라를 다스리는 사람이 국민을 위해 무엇을 해야 하는지 알 수 있어. 정치는 늘 우리 옆에 있으니까.

정답 ❶ O ❷ O ❸ X

도전 110일 차

4월 20일

한글 점자표를 살펴보고 빈칸에 알맞은 글을 쓰세요.

탐색 확인

한글 점자표

시각 장애인은 점자로 글을 읽을 수 있어.

시각 장애인은 손가락으로 더듬어 한글 점자를 읽어.
한글 점자책을 보면 종이 위에 도드라진 점을 확인할 수 있어.
요즘에는 엘리베이터에도 한글 점자로 정보를 안내하지.
문제에 친구들을 향한 내 마음을 담았어.

도전 111일 차

4월 21일

빈칸에 들어갈 알맞은 단어를 고르세요.

어휘지식

뉴턴은 만유인력의 법칙을 □ 했다.

❶ 발명   VS   ❷ 발견

어휘의 '개념'을 정확하게
알아야 정확하게 '표현'할 수 있어.

'발명'은 아직까지 없던 기술이나 물건을 새로 생각하여 만들어
내는 것을 말해. '발견'은 미처 찾아내지 못했거나 아직 알려지지
않은 사물이나 현상, 사실 따위를 찾아내는 것을 말해.
만유인력은 뉴턴이 만들어 낸 게 아니라
찾아낸 거니까 발견한 거야.

정답 ❷

포스터를 보고 내용에 알맞으면 O, 알맞지 않으면 X 하세요.

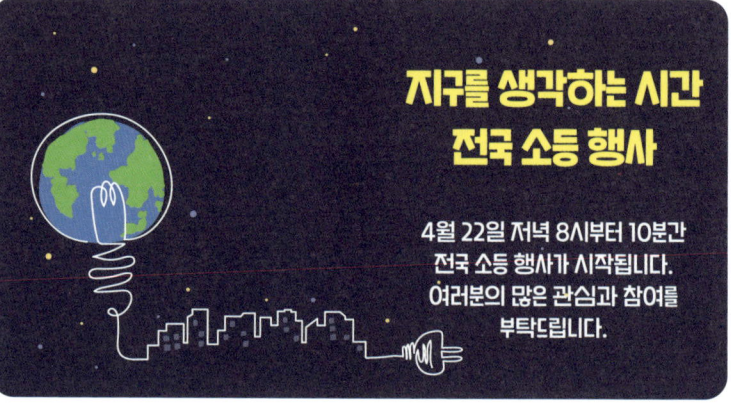

지구를 생각하는 시간 전국 소등 행사

4월 22일 저녁 8시부터 10분간 전국 소등 행사가 시작됩니다. 여러분의 많은 관심과 참여를 부탁드립니다.

❶ 이 행사는 서울에서만 진행한다. ( )

❷ 4월 22일 하루 동안 불을 끄도록 한다. ( )

❸ 저녁 8시부터 8시 10분까지 불을 끄도록 한다. ( )

오늘은 지구의 날이야!

지구의 날은 매년 4월 22일로 환경 보호를 실천하는 날이야. '전국'이라는 말을 통해 서울이 아닌 전 지역에서 진행한다는 것을 알 수 있어. 오늘 하루 10분 동안만 불을 꺼 볼까? 작은 실천만으로도 지구를 지킬 수 있어. 지구가 고마워할 거야!

정답 ❶ X ❷ X ❸ O

4월 23일

다음 속담의 뜻으로 알맞은 것을 고르세요.

호랑이도 제 말 하면 온다

 ❶ 정신을 차리면 위기에 빠져도 살 수 있다.

VS

❷ 당사자가 그 자리에 없다고 함부로 이야기 해서는 안 된다.

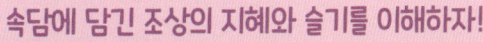

속담에 담긴 조상의 지혜와 슬기를 이해하자!

이 속담은 깊은 산에 있는 호랑이조차 자기 이야기를 하면 찾아온다는 뜻을 가지고 있어. 당사자가 그 자리에 없다고 함부로 말해서는 안 된다는 말이지. ❶의 뜻을 가진 속담은 '호랑이에게 물려 가도 정신만 차리면 산다'야.

도전 114일 차

공익 광고를 보고 알맞게 이해한 친구를 고르세요.

kobaco
공익광고협의회

전기도 '돈' 입니다

아무 생각 없이 꽂는 코드!
돈이라면 꽂으시겠습니까?

❶ 전기는 공짜가 아니니까 필요할 때만 쓰자.

❷ 전기는 항상 넘쳐 나니까 마음껏 사용해도 돼.

❶ 답정

4월 25일

도전 115일 차

가로세로 어휘 퍼즐을 완성하세요.

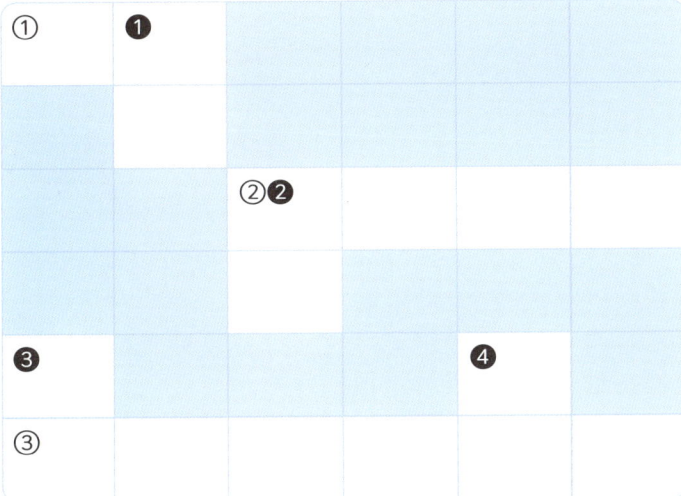

가로 열쇠
① 중국이나 몽골의 사막에서 불어오는 노란색의 모래 먼지로, 봄에 많이 발생함.
② 기업이나 단체가 공공의 이익을 목적으로 하는 광고.
③ '어떤 일을 하려고 하다가 뜻밖의 다른 일을 만나게 된다.'는 뜻의 속담.

세로 열쇠
❶ 강수량이 적어서 식물이 보이지 않거나 적고, 인간의 활동도 제약되는 지역.
❷ 사람들이 놀 수 있도록 마련한 정원, 동산 등을 일컫는 말.
❸ 글, 그림, 사진, 조각 등의 예술을 만든 사람.
❹ 원료나 재료를 가공하여 물건을 만들어 내는 설비를 갖춘 곳.

※ 맨 뒤에서 정답을 확인해 보세요.

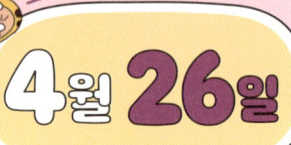

4월 26일

신문 기사의 제목으로 알맞은 것을 고르세요.

기네스북에 새로운 기록이 등록되었다. 이번에 경신된 기록은 바로 세계에서 가장 긴 피자로, 무려 2km의 길이로 만들어졌다. 이 피자를 만드는 데는 200명이 참여했다. 피자는 긴 탁자 위에 놓였고, 모두가 함께 반죽을 펴고, 토핑을 올려, 오븐에 구웠다. 이 엄청난 크기의 피자는 길이뿐만 아니라 맛도 뛰어났다. 피자를 만든 사람들은 "세계에서 가장 긴 피자를 만들어 사람들과 즐거움을 나누고 싶었다."고 전했다. 이 피자는 축제에 참여한 많은 사람이 맛볼 수 있었다.

 ❶ 세계에서 가장 긴 피자   ❷ 기네스북의 유래

신문을 잘 읽는 사람은 신문 기사의 제목을 먼저 봐.
제목은 신문 기사의 내용을 대표해 주기 때문이야.
신문 기사를 보니 기네스북에 새롭게 등재된 세계에서 가장 긴 피자에 대해 설명하고 있네.
나도 신문 기사에 나온 피자를 먹고 싶군!

❶ 정답

도전 117일 차

4월 27일

글을 읽고 내용에 알맞으면 O, 알맞지 않으면 X 하세요.

탐색 확인

제임스 웹 우주 망원경은 우주를 더 잘 보기 위해 만든 특별한 망원경이에요. 이 망원경은 지구에서 약 150만 킬로미터 떨어진 곳에 있어요. 제임스 웹은 우리 눈으로 볼 수 없는 적외선 빛을 감지해요. 이를 통해 먼 별과 은하 그리고 우주의 신비를 연구해요. 이 망원경 덕분에 과학자들은 우주의 시작과 별의 탄생 과정을 더 잘 이해할 수 있게 되었어요.

▲제임스 웹 우주 망원경

❶ 제임스 웹은 지구에 위치해 있다. ( )
❷ 제임스 웹은 바다를 더 잘 보기 위해 만든 망원경이다. ( )
❸ 제임스 웹은 우리 눈으로 볼 수 없는 적외선 빛을 감지한다. ( )

제임스 웹이 찍은 영상을 감상해 볼까?

인터넷 검색창에 나사(NASA)를 검색해서 접속해 봐. '미션'이라는 영역을 클릭하면 제임스 웹 우주 망원경에서 보낸 150만 킬로미터 밖에서 찍은 영상을 감상할 수 있어. 글을 읽고 영상을 보면 더욱 흥미진진할 거야!

정답 ❶ X ❷ X ❸ O

4월 28일

빈칸에 들어갈 알맞은 단어를 고르세요.

퍼즐을 다 ☐ 위해서 밤을 꼴딱 새웠다.

이런, 밤을 다 새워 버렸네….

❶ 맞추기 VS ❷ 맞히기

뜻이 헷갈리기 쉬운 단어야.

'맞추다'는 서로 떨어져 있는 부분을 제자리에 맞게 대어 붙인다는 뜻이야. '맞히다'는 문제에 대한 답을 틀리지 않게 한다는 뜻이야. 그러니까 퍼즐은 맞히는 게 아니라 맞추는 거야.
오늘 이 문제를 가족과 함께 풀어 봐.
그리고 누가 맞히는지 한번 지켜봐!

❶ 정답

도전 119일 차
4월 29일

글을 읽고 알맞게 이해한 친구를 고르세요.

분석평가

세상에는 인간의 생활에 해를 끼치는 벌레인 '해충'도 있지만 사람에게 이익을 주는 곤충인 '익충'도 많아요. 사람의 몸에 기생하는 이, 벼룩, 옷이나 음식물에 기생하는 좀, 바퀴, 농작물과 과실나무에 기생하는 진드기는 없애야 해요. 하지만 생활에 필요한 물건을 생산하는 누에나 꿀벌, 해충을 잡아먹는 잠자리, 수분을 돕는 나비나 꿀벌은 없애서는 안 돼요.

 ❶ 모든 곤충은 해를 끼치므로 다 잡아야 해.

VS

 ❷ 해충과 익충을 구분해서 잡아야 해.

우리에게 도움이 되는 곤충이 있다니!
'해충'과 '익충'의 정확한 뜻을 몰라도
우리에게 해를 끼치는 벌레는 '해충',
도움이 되는 벌레는 '익충'이라는 걸 알겠지?
그럼 해충은 잡고 익충은 지켜야겠지?

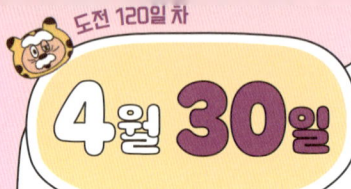

체크리스트를 확인하면서 평소 나의 글 읽기 습관을 점검해 보세요.

체크리스트

	예	아니요
❶ 글쓴이가 말하고자 하는 바를 파악하며 읽나요?	☐	☐
❷ 글쓴이의 생각과 자신의 생각을 비교하며 읽나요?	☐	☐
❸ 설명·주장하는 글을 읽고 중요한 내용을 확인하나요?	☐	☐
❹ 의미가 잘 드러나게 문장과 짧은 글을 알맞게 띄어 읽나요?	☐	☐
❺ 글을 읽거나 읽은 후에 인물의 마음이나 생각을 짐작하나요?	☐	☐

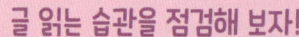

글 읽는 습관을 점검해 보자!

글을 읽을 때 내용을 이해하고 있는지,
읽고 나서는 잘 기억하고 있는지 점검해 보자.
읽고 나서 바로 까먹는다면 그건 제대로 읽은 게 아니겠지?
휘리릭 책을 넘긴 거나 다름없다고!

도전 121일 차

5월 1일

보기를 보고 빈칸에 들어갈 알맞은 단어를 쓰고, 단어의 뜻을 알아보세요.

어휘지식

보기

-자

단어 뒤에 붙어서 '~을 하는 사람'의 뜻을 더한다.

연주	운전	연기
연 주	운 전	연 기
연주하는 사람.	운전하는 사람.	연기하는 사람.

단어의 앞이나 뒤에 붙어서
새로운 단어를 만드는 말이 있어.

'님'을 생각해 봐. 형님, 아우님, 선생님, 부모님!
'자'도 마찬가지야. 과학자, 연구자, 탐구자도
같은 방법으로 만들어진 단어야. 나는 친구들의 문해력을
책임지는 교육자야. 흐흐. 앞으로 조고수가 아니라
스승님이라고 부르도록!

정답 연주자, 운전자, 연기자

도전 122일 차

5월 2일

다음 이솝 우화를 들려주기에 가장 알맞은 친구를 고르세요.

어느 날, 배가 몹시 고픈 여우가 숲을 헤매고 있었어요. 그러다 높은 나무에 매달린 탐스럽고 맛있어 보이는 포도송이를 발견했어요. "저 포도를 따서 먹으면 정말 좋겠다." 여우는 입맛을 다시며 말했어요. 여우는 포도를 따려고 덩굴을 향해 뛰어올랐지만 포도가 너무 높이 있어서 닿지 않았어요. 여우는 여러 번 시도했지만 포도를 딸 수 없었고, 지친 나머지 결국 포기했어요. 그러고는 "저 포도는 시어서 맛없을 거야. 먹지 않는 게 나아."라며 중얼거렸어요.

 ❶ 어려운 목표 앞에서 포기하려는 친구에게

 VS

 ❷ 어른에게 예의 없게 행동하는 친구에게

여우가 따지 못한 포도는 신 포도일까, 달콤한 포도일까?

나무가 높아도 겁먹지 않고 포기하지 않았다면 여우는 달콤한 포도를 먹을 수 있었을 거야. 배고픈 상태에서 먹는 포도는 얼마나 맛있을까? 그러니까 ❶의 상황 속 친구에게 들려주기에 알맞아.

문장 부호의 쓰임을 찾아 알맞게 선을 이으세요.

문장 부호		쓰임
.	마침표	묻는 문장의 끝에 써요.
?	물음표	대화 글이나 남의 말을 따올 때 써요.
!	느낌표	설명하는 문장의 끝에 써요.
,	쉼표	마음속으로 한 말을 적을 때 써요.
" "	큰따옴표	부르는 말이나 여러 말을 늘어놓을 때 써요.
' '	작은따옴표	할 말을 줄이거나 말이 없을 때 써요.
……	줄임표	느낌을 나타내는 문장의 끝에 써요.

※ 맨 뒤에서 정답을 확인해 보세요.

도전 124일 차

5월 4일

글을 읽고 빈칸에 들어갈 내용을 알맞게 말한 친구를 고르세요.

통합 해석

친구와 다퉜을 때 제대로 사과하려면 어떻게 해야 할까요? 친구에게 진심으로 미안한 마음을 갖고, 조용한 곳에서 친구와 이야기를 나눈 다음, 친구의 눈을 보고 "미안해."라고 말해요. 사과할 때는 무슨 일이 있었는지, 왜 미안한지 설명하는 것도 중요해요. 예를 들어 "＿＿＿＿＿＿＿＿＿＿＿"처럼 말이죠. 그 당시에 친구가 어떻게 느꼈는지 물어보고, 다시는 같은 일이 일어나지 않도록 약속해요. 이렇게 하면 친구와 더 가까운 사이가 될 수 있어요.

 ❶ 네 물건을 망가뜨려서 정말 미안해. 속상했지?

VS

❷ 야, 치사하게 그런 걸로 삐치냐.

문해력이 좋아야 친구와의 관계도 좋아.

친구에게 사과하는 방법을 모르면 친구와 깊은 관계를 맺기 힘들어. 이 글에서는 진심을 담아 사과하는 방법을 알려 주고 있어. 잘 기억해 두었다가 친구와 다퉜을 때 활용해 보자. 물론 친구와 싸우지 않는 게 제일 좋겠지?

❶ 정답

도전 125일 차

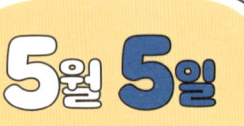 글을 읽고 알맞게 이해한 친구를 고르세요.

방정환 선생은 '아해*', '얼라', '어린아이'보다 아이를 더 존중하는 의미를 담은 말을 만들고 싶었어요. 그래서 늙은이, 젊은이라는 용어와 대등한 의미로 사용하기 위해 '어린이'라는 말을 만들었지요. '어린이'에는 어린이를 존중해야 한다는 뜻이 담겨 있어요. 젊은 사람은 젊은이, 늙은 사람은 늙은이로 부르는 것처럼 말이죠. 방정환 선생은 어린이도 존중해야 성인이 되었을 경우에 온전한 사람으로 대접할 수 있다고 생각한 것이에요.

*아해: 나이가 어린 사람을 이르는 말.

 ❶ '아해', '얼라'는 어린이를 존중하는 표현이야. ❷ '어린이'에는 어린이를 존중하는 마음이 담겨 있어.

오월은 푸르구나. 우리들은 자란다!
오늘은 어린이날, 우리들 세상!

오늘은 어린이의 인격을 소중히 여기고, 어린이의 행복을 추구하기 위해 제정된 기념일이야. 방정환 선생님이 만드신 '어린이'의 뜻을 어른들에게 알려 주자.
그리고 우리 어린이들도 서로서로 존중하자. 약속!

도전 126일 차

5월 6일

빈칸에 들어갈 알맞은 단어를 고르세요.

어휘지식

먼말이는 발목을 [　　　] 끝까지 경기를 뛰었다.

거의 다 왔어!
먼말이 파이팅!

 ❶ 다쳤지만   VS   ❷ 닫혔지만

소리가 같아도 뜻은 달라!

'다치다'와 '닫히다'는 소리가 똑같아. 하지만 표기는 다르지.

다치다 뜻 부딪치거나 맞거나 하여 신체에 상처가 생기다.
닫히다 뜻 열린 문짝, 뚜껑, 서랍 따위가 도로 제자리로 가 막히다.

먼말이의 발목은 막힌 게 아니고 상처가 생긴 거니까
'다쳤지만'이 들어가는 게 맞아!

정답 ❶

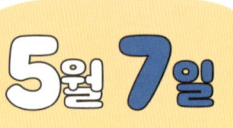

도전 127일 차

5월 7일

편지의 밑줄 친 상황에서 먼솔이는 어떤 기분이었을지 알맞은 것을 고르세요.

분석평가

조고수님, 안녕하세요. 저 먼솔이예요. 어제 먼말이와 싸워서 조고수님께 혼났어요. <u>먼말이가 제 말을 듣지 않고 계속 장난을 치니까 저도 모르게 그만 소리치고 말았어요.</u> 그러고 나서 조고수님께 혼났을 때 억울하고 속상했지만, 한편으로는 먼말이에게 너무 심하게 대했다는 생각이 들었어요. 앞으로는 먼말이와 더 사이좋게 지내고, 이런 일로 속상하시게 하지 않겠다고 약속할게요.

❶ 즐겁다

❷ 화가 난다

❸ 부끄럽다

글에는 글쓴이의 감정이 드러나.
먼솔이가 얼마나 화가 나고 괴로웠으면 소리를 쳤을까?
그 소리가 지금도 들리는 것 같아.
하지만 즐겁거나 부끄러운 마음은
밑줄 친 부분에서 확인하기 어려워.

정답 ❷

도전 128일 차

5월 8일

빈칸에 들어갈 알맞은 단어를 골라 관용어를 완성하세요.

어휘지식

고슴도치도 제 ☐ 은/는 함함하다고 한다

귀여운 내 새끼!! 우쭈쭈!

❶ 옷 ❷ 새끼 ❸ 얼굴

정답은 새끼야!

털이 바늘처럼 꼿꼿한 고슴도치도 제 새끼의 털은 보드랍고 반지르르하다(함함하다)고 생각한다는 말로, 누구나 제 자식은 잘나고 귀여워 보인다는 뜻이지. 부모님의 아낌없는 애정과 보살핌에 감사하는 마음을 갖자.

월요일

5월 9일 글을 읽고 알맞게 이해한 친구를 고르세요.

평화의 상징으로 여기는 '비둘기'가 유해 동물이라는 것을 알고 있나요? 2009년 6월 환경부에서는 비둘기를 유해 야생 동물로 지정했어요. 비둘기는 사람들이 버린 음식을 먹는데, 배설물 속 유해 세균이 조류 인플루엔자, 피부병과 같은 심각한 질병과 바이러스를 전파하기 때문이에요. 비둘기의 배설물은 강한 산성으로 건축물은 물론 문화재까지 부식시키고 있대요.

 ❶ 비둘기는 평화의 상징으로 문화재를 보호한다. **VS** ❷ 비둘기는 유해 동물로 심각한 질병을 전파한다.

비둘기가 유해 동물이었다니, 몰랐지?
어마어마하게 많이 몰려 있는 비둘기 떼를 본 적 있니? 비둘기는 사람과 환경에게 여러 피해를 주는데 번식력이 강해서 개체 수가 빠르게 늘고 있어. 그래서 정부는 비둘기 개체가 늘어나지 않도록 관리하고 있어. 한편, 동물 보호 단체에서는 생명을 경시하는 행동이라며 반대하고 있지. 친구들 생각은 어때?

도전 130일 차 — 5월 10일

글을 읽고 내용에 알맞으면 O, 알맞지 않으면 X 하세요.

　바다 식목일은 매년 5월 10일로, 바다 생태계의 중요한 부분을 차지하는 바다 식물의 가치와 중요성을 알리기 위해 만들어졌습니다. 해초, 해조류 그리고 해양 식물과 같은 바다 식물은 바닷속에서 산소를 생산하고, 물고기와 다른 해양 생물들에게 서식지를 제공합니다. 또한, 바다 식물은 지구 온난화를 줄이는 데도 중요한 역할을 합니다. 우리는 바다 식목일을 통해 바다 식물의 중요성을 다시 한번 인식하고, 이를 보호하기 위한 노력을 다짐합시다.

❶ 바다 식목일은 5년마다 한 번씩 오는 기념일이다. ( )
❷ 바다 식물은 지구 온난화에 나쁜 영향을 끼친다. ( )
❸ 바다 식물은 물고기와 해양 생물에게 서식지를 제공한다. ( )

식목일은 4월 5일, 바다 식목일은 5월 10일!
친구들, 바다 식목일이 있는 줄 몰랐지? 바다 식목일은 5년이 아니라 매년 오는 기념일이야. 바다 식물은 환경에 중요한 역할을 해. 지구 온난화를 줄이고, 해양 생물에게 서식지를 제공하거든. 식목일뿐만 아니라 바다 식목일도 함께 기억해 두자!

정답 ❶ X ❷ X ❸ O

5월 11일

글을 읽고 알맞게 이해한 친구를 고르세요.

맨홀 뚜껑은 도로 위에 있는 둥근 철판으로, 지하에 있는 배수관이나 전선 등을 관리하기 위해 만든 맨홀을 덮는 데 씁니다. 맨홀 뚜껑으로 맨홀을 덮으면 사람이나 차가 빠지지 않아 안전합니다. 맨홀 뚜껑은 오래전 고대 로마 시대부터 사용되었습니다. 그 당시에는 도시의 하수 시스템을 보호하기 위해 만들어졌습니다. 현대의 맨홀 뚜껑은 더 강하고 안전하게 만들어지고 있습니다.

 ❶ 맨홀 뚜껑으로 지하의 구멍을 덮어 사람을 보호해.

 ❷ 맨홀 뚜껑은 도로가 발달한 현대에 와서 만들어졌어.

잘 덮인 맨홀 뚜껑도 다시 보자!

맨홀 뚜껑은 하수 시스템을 보호하기 위해 현대가 아니라 고대 로마 시대에 만들어졌어. 로마 시대에도 문명이 발달했다니! 그리고 현대의 맨홀 뚜껑이 아무리 튼튼하더라도 그 위에서 장난을 치면 안 돼. 다칠 수 있거든. 돌다리도 두들겨 보고 건너라고 하잖아?

❶ 정답

5월 12일

안내문의 제목으로 알맞은 것을 고르세요.

❶ 손바닥끼리 마주 대고 문지르기

❷ 손등과 손바닥 대고 문지르기

❸ 손깍지 끼고 손가락 사이 닦아 주기

❹ 손가락 마주 잡고 비비기

❺ 엄지손가락 돌려 주며 문지르기

❻ 손톱 밑을 문지르기

❶ 손 씻기의 유래

VS

❷ 올바른 손 씻기 6단계

그림과 설명을 잘 연결해 봐!

문지르기, 닦기, 비비기 등의 행동을 통해 손을 올바르게 씻는 방법이라는 것을 파악할 수 있어! 친구들, 설마 손을 대충 씻는 건 아니겠지? 안 돼! 손에 얼마나 세균이 많다고…! 오늘 배운 올바른 방법으로 손을 씻어 보자.

5월 13일

다음 속담의 뜻으로 알맞은 것을 고르세요.

낮말은 새가 듣고 밤말은 쥐가 듣는다

 ❶ 언제나 시끄럽게 떠들어서는 안 된다.

VS

❷ 아무도 안 듣는 데서라도 언제나 말조심해야 한다.

쉿! 낮에도 밤에도 말조심하자!

누가 들을지 모르니 앞으로 말을 신중하게 해야 해.
오늘은 말에 대한 속담을 하나 더 알아볼까?

가는 말이 고와야 오는 말이 곱다

뜻 내가 남에게 말이나 행동을 좋게 해야
남도 나에게 좋게 한다.

5월 14일

글을 읽고 글쓴이의 의견으로 알맞은 것을 고르세요.

　반려동물은 사람이 정서적으로 의지하기 위해 가까이 두고 기르는 동물을 말한다. 대표적으로 반려견, 반려묘, 반려조 등이 있다. 예전에는 반려동물을 애완동물이라고 불렀다. '애완'이란 말은 동물이나 물건을 좋아하여 가까이에 두고 귀여워하거나 즐기는 것을 뜻한다. 반면 '반려'라는 말은 짝이 되는 동무를 말한다. 즉, 반려동물은 단순히 노는 대상이 아니라 가족과 같은 존재를 의미한다. 기르는 동물을 반려동물이라고 부르며 가족과 같이 아껴 주자.

❶ '애완동물' 대신 '반려동물'이라고 부르자.

❷ 기르는 동물은 귀여우므로 '애완동물'이라고 부르자.

시대가 바뀌면 어휘도 달라져.

애완동물은 좋아해서 가까이 두고 귀여워하며 기르는 개나 동물을 말해. 동물이 아니라 사람 중심의 말이지. 하지만 동물을 가족처럼 여기는 사람들이 많아졌고, 그 생각을 반영해서 반려동물이라고 부르게 되었어.

도전 135일 차

5월 15일

빈칸에 들어갈 알맞은 말을 고르세요.

조고수님, 늘 사랑으로 ☐ 주셔서 감사합니다.

❶ 가리켜  VS  ❷ 가르쳐

오늘은 선생님에게 감사의 마음을 전하는 날, 바로 스승의 날이야!
'가르치다'는 지식, 기능, 이치 따위를 깨닫거나 익히게 할 때, '가리키다'는 손가락으로 어떤 방향을 가리킬 때 쓰는 말이야. 그래서 빈칸에는 '가르쳐'가 들어가는 게 맞아. 문해력을 가르쳐 줘서 고마워하는 친구들의 마음, 말하지 않아도 다 알지. 후후.

글을 읽고 알맞게 행동한 친구를 고르세요.

요즘 우리는 소셜 네트워크 서비스(SNS)를 사용하면서 신조어, 은어, 줄임말을 자주 접해요. 신조어, 은어, 줄임말은 재미있고 친구들과 소통하기도 쉬워서 많이 쓰게 되죠. 하지만 이런 말을 자주 쓰다 보면 맞춤법을 틀리거나 우리말을 잊어버리기 쉬워요. 신조어, 은어, 줄임말보다 올바른 우리말을 자주 사용하면 더 멋진 한국어를 만들고 지킬 수 있답니다. 그러니 친구들과 이야기할 때도, 글을 쓸 때도 되도록 바른 말을 사용해 봐요!

 ❶ '생파' 대신 '생일 파티'라고 말했어.

VS

❷ 친구들과 대화하려고 줄임말을 자주 썼어.

신조어와 은어, 줄임말을 얼마나 자주 쓰니?
이런 말로만 대화하면 다른 사람들이 못 알아듣거나
오해를 불러일으킬 수 있어. 또 올바른 우리말이 망가질 수 있어.
그러니까 줄임말 대신 올바른 표현을 쓰려고 노력해 보자!

도전 137일 차

5월 17일

다음 상황에 어울리는 사자성어를 고르세요.

어휘지식

💬 오, 바나나 우유 하나 사면 하나 더 공짜다!

① 일거양득 VS **② 임기응변**

바나나 우유가 1+1이라니! 어디 편의점이지?

'일거양득'은 한 가지 일을 해서 두 가지 이익을 얻는다는 뜻이야. 기분이 좋을 수밖에 없겠지? '임기응변'의 뜻도 같이 살펴보자.

임기응변 뜻 처한 사태에 맞추어 즉각 그 자리에서 알맞게 대처하다.

① 담정

5월 18일

글을 읽고 알맞게 이해한 친구를 고르세요.

'도긴개긴'은 윷놀이에서 '도'로 남의 말을 잡을 수 있는 거리나 '개'로 남의 말을 잡을 수 있는 거리가 별반 차이가 없다는 뜻이다. 즉, 조금 낫고 못한 정도의 차이는 있으나 본질적으로는 비슷비슷하여 견주어 볼 필요가 없음을 이르는 말이다. 우리가 일상에서 종종 사용하는 '도찐개찐'은 '도긴개긴'을 잘못 사용한 표현이다.

 ❶ '도긴개긴'과 '도찐개찐'은 올바른 표현이다.

 ❷ '도긴개긴'은 속담 '도토리 키 재기'와 같은 뜻이다.

'도긴개긴'이 윷놀이에서 온 표현이구나!
앞에서 배웠던 '도토리 키 재기' 속담의 뜻을
기억한다면 이번 문제를 쉽게 맞힐 수 있었겠는걸?
'도찐개찐'은 '도긴개긴'의 잘못된 표현이야.
앞으로는 '도찐개찐'이라고 쓰는 친구가 없길!

도전 139일 차 — 5월 19일

글을 읽고 자연유산에 해당하는 것을 고르세요.

인류의 보편적이고 뛰어난 가치를 지닌 각 나라의 유산이 등재되는 세계 유산에는 문화유산, 자연유산 그리고 문화와 자연의 가치를 함께 담고 있는 복합 유산이 있습니다. 우리나라는 세계 유산에 현재 16건이 등재되어 있습니다. 해인사 장경판전, 석굴암과 불국사를 포함한 14건의 문화유산과 한국의 갯벌(서천, 고창, 신안, 보성-순천), 제주 화산섬과 용암 동굴 2건의 자연유산이 있습니다.

❶  해인사 장경판전

❷  한국의 갯벌

❸  불국사

> 세계 유산은 문화유산, 자연유산, 복합 유산으로 분류되는구나!
> 해인사 장경판전, 석굴암과 불국사는 문화유산에 포함돼. 한국의 갯벌은 자연유산이고. 그래서 ❷가 정답이야. 오늘은 인터넷 검색창에 '국가유산포털'을 입력해서 우리나라의 세계 유산을 살펴보자!

도전 140일차

5월 20일

빈칸에 들어갈 알맞은 단어를 고르세요.

어휘지식

나랑 먼솔이는 좋아하는 가수가 ☐ .

 ❶ 같다   VS   ❷ 갗다

쌍둥이라 좋아하는 취향도 같은 걸까?
'갗다'는 '가지다'의 줄임말이고, '같다'는 서로 다르지 않다는 뜻이야.
먼말이와 먼솔이는 좋아하는 가수가 서로 다르지 않으므로
'같다'가 들어가는 게 맞아. 그것보다 먼말이와 먼솔이가
내 팬인 줄 알았는데 이거 참 씁쓸하군….

❶ 정답

도전 141일 차

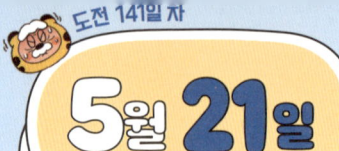 글의 제목으로 알맞은 것을 고르세요.

　이스라엘과 팔레스타인은 중동 지역에 있는 두 나라예요. 두 나라는 같은 땅을 두고 오래전부터 다퉜어요. 옛날 이 지역에 살던 이스라엘인들은 여러 가지 이유로 흩어졌고, 이후 팔레스타인 사람들이 들어와 살게 되었어요. 하지만 1948년에 이 지역에 이스라엘이라는 나라가 세워져 많은 유대인이 다시 돌아왔어요. 팔레스타인 사람들은 자신들의 땅을 잃게 된 것이지요. 그래서 이스라엘 사람들은 나라를 지키기 위해, 팔레스타인 사람들은 땅을 되찾기 위해 지금까지도 끊임없이 싸우고 있어요.

 ❶ 이스라엘과 팔레스타인이 다투는 이유 VS ❷ 이스라엘과 팔레스타인의 위인들

팔레스타인은 이슬람교, 이스라엘은 유대교를 믿는 사람이 많아!
종교와 민족이 다른 두 나라가 국경을 맞대고 있어.
그래서 분쟁의 위험이 높아 '중동의 화약고'라고 부르지.
이 글은 이스라엘과 팔레스타인이 다투는 이유를 다루고 있어.
각 나라의 위인들에 대해서는 알 수 없기 때문에
❶이 알맞은 제목이야.

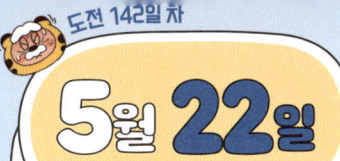

5월 22일

다음 속담의 뜻으로 알맞은 것을 고르세요.

하늘이 무너져도 솟아날 구멍이 있다

 ❶ 미리 철저하게 준비해야 한다.

VS

❷ 어려운 상황에 부딪히더라도 살아 나갈 길이 생긴다.

위기에 또 다른 기회가 온다고?

하늘이 무너질 것 같은 어려운 일을 당해도
결국에는 살아 나갈 방법이 생긴다는 뜻이야.
그러니까 힘든 일이 있을 때 포기하면 안 돼. 알았지?
'호랑이에게 물려 가도 정신만 차리면 산다'도
비슷한 뜻의 속담이야!

정답 ❷

5월 23일

출구 안내판을 보고 가로수길을 가려면 몇 번 출구로 가야 하는지 고르세요.

← 나가는 곳	Exit →
3 번 출구 방면	**5** 번 출구 방면
강남대로	학동 공원
영동 시장	논현1동
4 번 출구 방면	**8** 번 출구 방면
압구정 안과 의원	신사동
잠원동	가로수길
강남대로	강남 시장
	신사 파출소

3 번 출구 **5** 번 출구 **8** 번 출구

도전 144일 차

가로세로 어휘 퍼즐을 완성하세요.

어휘지식

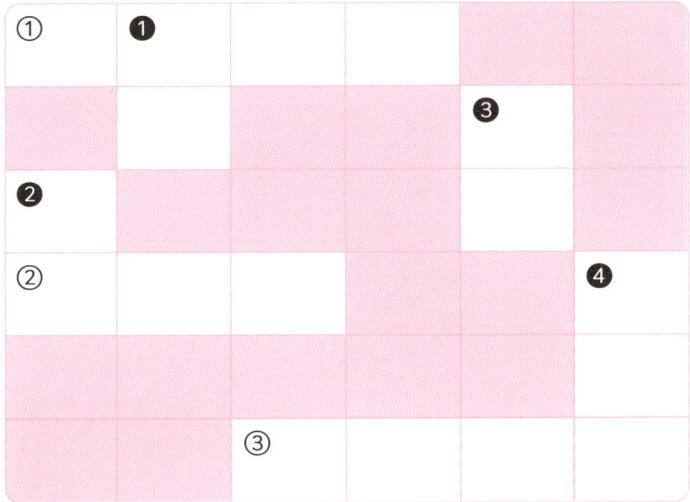

가로 열쇠

① '한 가지 일을 하여 두 가지 이익을 얻는다.'는 뜻의 사자성어.
② '어린아이'를 대접하거나 격식을 갖추어 이르는 말.
③ 사람이 정서적으로 의지하고자 가까이 두고 기르는 동물. 개, 고양이, 새 따위.

세로 열쇠

❶ 두 개의 물건이나 장소 따위가 공간적으로 떨어진 길이.
❷ 구성원들끼리만 빈번하게 사용하는 언어.
❸ 추상적인 개념이나 사물을 구체적인 사물로 나타냄.
❹ 생물체 밖으로 배설되는 물질. 똥, 오줌, 땀 따위.

※ 맨 뒤에서 정답을 확인해 보세요.

5월 25일

글을 읽고 알맞게 이해한 친구를 고르세요.

피톤치드는 나무가 만들어 내는 자연 물질입니다. 이 물질은 나무가 해충과 병균으로부터 자신을 보호하기 위해 내뿜는 것으로 숲속에 많이 존재합니다. 피톤치드는 자연이 주는 선물로 우리에게 많은 이로움을 줍니다. 피톤치드는 공기를 깨끗하게 하고, 우리 몸의 면역력을 높이는 데 도움을 줍니다. 우리는 숲에서 산책할 때 피톤치드 덕분에 상쾌한 공기를 마시고, 스트레스를 줄일 수 있습니다. 그래서 숲에서 시간을 보내는 것은 건강에 아주 좋습니다.

 ❶ 피톤치드는 인공적으로 만들어진 물질이다.

VS

 ❷ 피톤치드는 스트레스를 줄이는 데 도움을 준다.

숲이나 산에 가면 킁킁 피톤치드 냄새를 맡아 봐!

피톤치드는 인공적으로 만드는 게 아니라 나무에서 자연적으로 나오는 물질이야. 이번 주말에는 가족과 함께 산에 가서 피톤치드를 만끽해 보는 건 어떨까? 스트레스도 줄이고, 면역력도 높이고. 이것이야말로 일석이조!

글을 읽고 빈칸에 들어갈 알맞은 단어를 보기 에서 찾아 빈칸에 쓰세요.

도로는 보도와 차도로 나누어진다. 보도는 보행자가 통행할 수 있도록 한 도로의 부분을 말한다. 차도란 모든 차가 통행할 수 있도록 설치된 도로의 부분을 말한다. 연석선은 차도와 보도를 구분하는 돌 등으로 이어진 선을 말한다.

보기   보도   연석선   차도

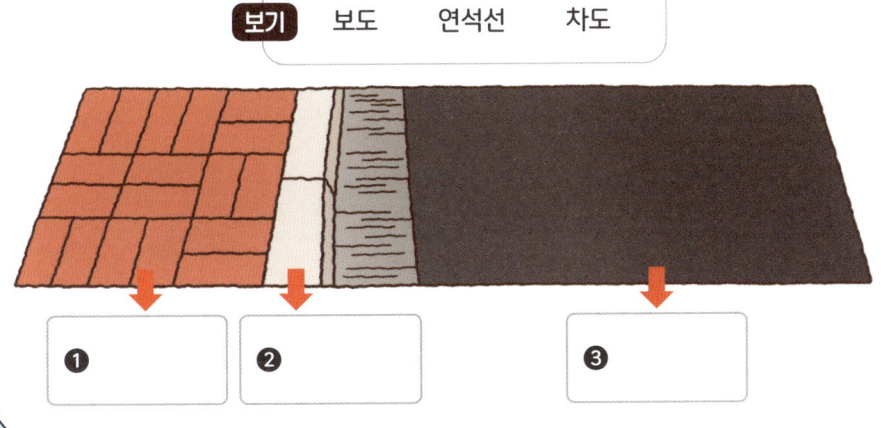

❶   ❷   ❸

사람이 다니는 도로는 보도,
차가 다니는 도로는 차도!

우리가 보도를 걷는 것도 법을 따르는 거야.
그러니까 앞으로 차도로 다니지 말자.

정답 ❶ 보도 ❷ 연석선 ❸ 차도

5월 27일

빈칸에 들어갈 알맞은 단어를 고르세요.

☐ 놀이터에서 만나.

가방 놓고 금방 갈게.
응, 나도! 놀이터에서 봐!

❶ 이따가 VS ❷ 있다가

'있다가'와 '이따가' 어느 표현이 맞을까?
대화의 맥락을 잘 살펴봐.

'이따가'는 '조금 지난 뒤에'의 뜻을 가진 말이고, '있다가'는 동사 '있다'에 연결 어미 '-다가'가 붙어 '머물다'의 뜻을 가진 말이야. 이 문장에서는 어디에 있다가 가는지 알 수 없어. 조금 지난 뒤에 보자는 뜻이므로 '이따가'가 맞아!

❶ 이따가

도전 148일 차

5월 28일

빈칸에 들어갈 알맞은 단어를 찾아 제목을 완성하세요.

분석평가

컴퓨터 속 가상 세계, ☐☐☐

 메타버스는 컴퓨터 속 가상 세계를 말해요. 우리는 이 가상 세계에서 게임을 하거나 친구들과 만나서 이야기하는데 마치 현실처럼 느껴지기도 해요. 예를 들어 컴퓨터나 스마트폰을 통해 아바타라는 가상 캐릭터가 되어 여러 가지 활동을 할 수 있어요. 집에 있어도 마치 놀이공원이나 공연장에 실제로 가 있는 것처럼 느낄 수 있지요. 또 가상 세계에서 새로운 것을 배우거나 경험할 수 있어요.

메타버스는 가상을 의미하는 '메타'와
세계, 우주를 의미하는 '유니버스'가 결합한 말이야.
제목은 글의 내용을 대표한다고 앞에서 배웠지?
자주 등장하는 단어나 가장 중요한 개념이 무엇인지 찾아봐.
디지털 기술이 발달하면서 우리는 가상 현실 속에서 게임도 하고,
공연이나 전시도 구경할 수 있게 되었어.
흠흠, 나 때는 말이야. 컴퓨터도, 핸드폰도 없었다고….

도전 149일 차

5월 29일

다음 관용어의 뜻으로 알맞은 것을 고르세요.

손발이 맞다

 ❶ 마음이나 의견, 행동 따위가 서로 맞다.

VS

❷ 손, 발 크기가 맞을 정도로 친한 사이이다.

손발이 척척 맞을 정도면 일할 때
마음이나 의견, 행동도 착착 맞겠지?
손과 발이 들어간 관용어를 더 알아볼까?
손에 익다 뜻 일이 손에 익숙해지다.
손을 떼다 뜻 하던 일을 그만두다.
발이 넓다 뜻 사귀어 알고 지내는 사람이 많아
활동하는 범위가 넓다.

❶ 답정

도전 150일 차
5월 30일

글을 읽고 알맞게 이해한 친구를 고르세요.

활용 적용

① 다른 사람에게 잘 보일 수 있도록 눈에 띄는 밝은색 옷을 입어요.
② 슬리퍼나 샌들보다는 끈이 없는 운동화를 신어요.
③ 자전거에 걸리기 쉬운 펄럭이는 치마나 바지는 입지 않아요.
④ 사고가 났을 때 보호해 줄 수 있는 안전모, 팔꿈치 보호대, 무릎 보호대, 보호 장갑 등을 꼭 착용해요.

❶ 자전거를 탈 때의 안전한 복장에 대해 알려 주고 있다.

❷ 자전거를 타는 방법과 기초 자세에 대해 알려 주고 있다.

질문을 하다 보면 제목이 없는 글을 읽고도
글의 내용을 파악할 수 있어.

밝은색 옷을 입는 이유가 뭘까? 끈이 없는 운동화를 신는 이유는 뭘까?
안전모를 착용하는 이유는 뭘까? 바로 안전하게 자전거를
타기 위해서지! 자전거를 타는 방법과 기초 자세에
대해서는 이 글에서 알 수 없어.

❶ 정답

도전 151일 차

5월 31일

체크리스트를 확인해 보며 평소 나의 책 읽기 습관을 점검해 보세요.

✓ 메타인지

체크리스트

	예	아니요
❶ 책에 흥미를 갖고 자주 읽나요?	☐	☐
❷ 책을 읽을 때 30분 이상 읽나요?	☐	☐
❸ 책을 읽고 생각이나 느낌을 적어 보나요?	☐	☐
❹ 책을 읽고 다른 사람들과 의견을 나누나요?	☐	☐
❺ 책을 읽을 때 집중해서 읽나요? (※핸드폰, 컴퓨터 등 다른 것들을 하지 않나요?)	☐	☐
❻ 일주일에 도서관에 얼마나 방문하나요?	☐ 회	

무쇠도 갈면 바늘 된다?
뭉툭한 쇳덩어리도 꾸준히 갈고 닦으면
날카로운 바늘이 된다고!

꾸준하게 책을 읽는 사람은 문해력이 높아질 수밖에 없어.
책을 읽으며 스며든 단어와 내용은 결국 나의 지식이 되는 거야.
그 지식으로 생각을 갈고 닦으면 결국 문해력도 예리해져.
꾸준한 독서로 문해력 스텟이 지르길!

6월

도전 152일 차

6월 1일

알맞은 단어를 따라가면서 길을 찾아가세요.

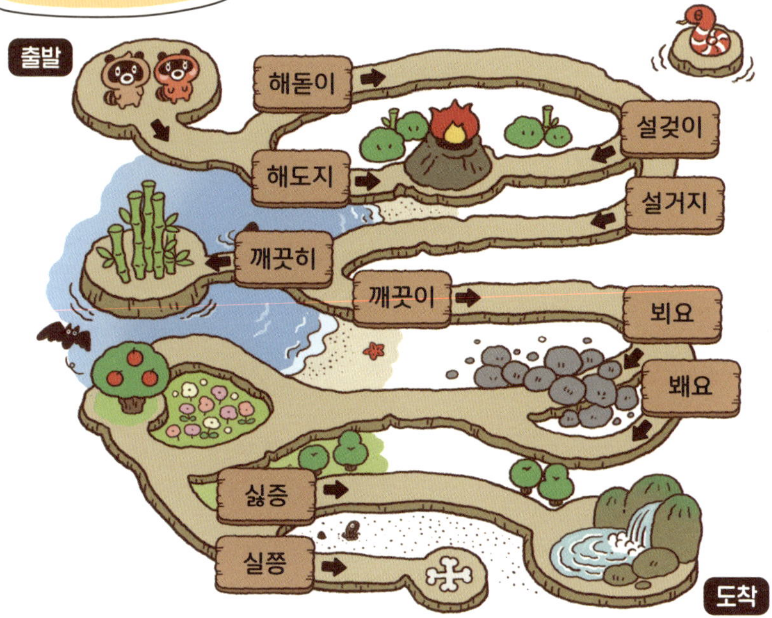

출발 → 해돋이 → 해도지 → 깨끗이 → 설거지 → 봬요 → 실쭝 → 도착

알맞은 단어들을 따라 길을 잘 찾아왔니?
소리가 비슷해 헷갈리기 쉬운 단어들을 모아 봤어!
오늘 배운 단어들을 잘 기억해서 바르게 쓰도록 하자.

※ 맨 뒤에서 정답을 확인해 보세요.

도전 153일 차

6월 2일

글을 읽고 알맞게 이해한 친구를 고르세요.

강화도와 인천의 갯벌은 두루미에게 다양한 먹이를 공급하고, 사람의 접근이 적어 안정적인 휴식처를 제공해 줘요. 그래서 초겨울마다 두루미가 우리나라로 날아와 월동*하는 곳이지요. 하지만 무분별한 개발로 인해 갯벌은 파괴되었고, 두루미의 월동지는 강화도와 인천에서 얼마 남지 않았어요.

*월동: 겨울을 남.

❶ 두루미를 보호하기 위해서는 갯벌을 보전해야 한다.

VS

❷ 두루미에게 편리함을 제공하기 위해 갯벌을 개발해야 한다.

글을 일부분만 읽으면 판단에 실수가 생길 수 있어!
강화도와 인천의 갯벌이 개발로 파괴되었다는 내용은 있지만 갯벌의 개발로 두루미가 편리해졌다는 내용은 없어. 두루미가 잘 지내길 바란다면, 얼마 남지 않은 갯벌을 잘 보전해야겠지?

정답 ❶

6월 3일

영화 상영 전 안내문을 읽고 알맞게 이해한 친구를 고르세요.

화재 등 안전사고 발생 시 대처 요령
1. 비상시에 위험 경보기의 버튼을 누르세요.
2. 자세를 최대한 낮추세요.
3. 물에 젖은 손수건으로 코와 입을 막으세요.
4. 유도등에 따라 침착하게 이동하세요.

 ❶ 불이 났을 때는 위험 경보기의 버튼을 누른다.

 ❷ 연기는 아래로 가라앉으니까 최대한 서서 움직인다.

문해력은 나의 생명을 지켜 줘.

내가 있는 곳이 늘 안전하다고 생각해서는 안 돼.
뜻하지 않는 일이 일어날 수 있기 때문이야.
그래서 비상시에 해야 할 행동을 미리 알고 있어야 해.
불이 났을 때 연기는 위로 올라가므로
최대한 자세를 낮추고 이동해야 해.

 ❶ 정답

단어의 짝이 나머지와 다른 것을 고르세요.

❶
| 똥 | 대변 | 가게 | 상점 |
| ( ) | | ( ) | |

| 스승 | 제자 | 걱정 | 고민 |
| ( ) | | ( ) | |

❷
| 아우 | 동생 | 얼굴 | 낯 |
| ( ) | | ( ) | |

| 채소 | 과일 | 곱다 | 예쁘다 |
| ( ) | | ( ) | |

뜻이 서로 비슷한 말을 '유의어' 또는 '비슷한말'이라고 해.

유의어는 뜻이 비슷해서 서로 바꾸어 쓸 수 있어. 하지만 상황에 따라 못 바꾸기도 해. 우리끼리는 편하게 '똥'이라고 말하지만 안내문에 '똥'이라고 쓸 수는 없잖아? 그래서 '대변'이라고 해. '대변을 본 후에는 물을 내려 주세요.'처럼 말이지. 킁킁, 그나저나 무슨 고약한 냄새지?

정답 ❶ 스승-제자 ❷ 채소-과일

6월 5일

글을 읽고 민화로 알맞은 그림을 고르세요.

민화는 일반 백성들이 집 안에 장식하며 즐기던 그림으로, 행운을 빌거나 나쁜 기운을 물리치기 위해 그렸습니다. 민화는 밝고 화려한 색감이 특징입니다. 민화는 호랑이, 학, 물고기, 연꽃과 같은 다양한 동물과 식물을 소재로 사용했습니다. 특히 그림에 나오는 동물은 웃음을 자아내는 익살스러운 표정을 하고 있습니다.

❶  ❷  ❸

단어에 문제의 힌트가 있어.
익살스러운 표정의 동물이 있는 그림을 찾으면 돼!

❸의 호랑이 표정을 봐. 과장된 표정이 웃음을 자아내고 있어.
민화를 그린 조상들은 민화를 그려 놓고 깔깔 웃지 않았을까?
❶은 인물을 그린 인물화이고, ❷는 산과 물의 아름다움을
그린 산수화야.

정답 ❸

6월 6일

글을 읽고 태극기를 알맞게 게양한 그림을 고르세요.

    6월 6일 현충일은 나라를 위해 싸우다 숨진 국군 장병과 순국선열을 추모하는 날이에요. 현충일은 다른 국경일과 달리 조의를 표하는 의미에서 태극기를 다는 법이 달라요. 태극기를 게양할 때 경축일이나 평일에는 깃봉과 깃 면의 사이를 띄우지 않고 달지만, 조의를 표하는 날에는 세로 깃 면의 너비만큼 내려서 달아야 해요.

태극기를 게양하는 방법은 의미에 따라 달라!
이 글은 현충일의 의미와 태극기를 게양하는 방법을 설명했어. 현충일은 목숨을 바친 분들을 추모하는 날이니까 조의를 표하는 방식으로 태극기를 게양해야 해. 세로 깃 면의 너비만큼 내린 ❸이 알맞은 그림이야.

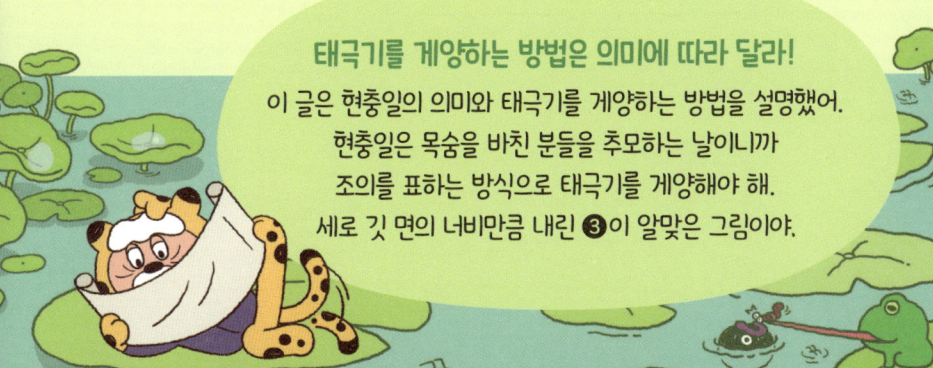

도전 158일 차

공익 광고를 보고 알맞게 행동한 친구를 고르세요.

❶ 산책할 때 반려견에게 목줄을 착용시켰다.

VS

❷ 반려견이 공원 잔디밭에서 뛰어 노는 것을 지켜보았다.

광고에 담긴 메시지를 찾아봐!
광고 내용을 읽어 보면 아무리 작고 귀여운 반려견이라 하더라도 바깥에서는 반드시 목줄을 착용해야 한다는 걸 알 수 있지.

❶ 정답

도전 159일 차

6월 8일

보기를 보고 빈칸에 들어갈 알맞은 단어를 쓰고, 단어의 뜻을 알아보세요.

어휘지식

보기
-쟁이
단어 뒤에 붙어서 '그 단어가 나타내는 특징을 많이 가진 사람'의 뜻을 더한다.

멋	겁	욕심
멋☐	겁☐	욕심☐
멋있거나 멋을 잘 부리는 사람.	겁이 많은 사람.	욕심이 많은 사람.

내 동생 곱슬머리, 개구쟁이 내 동생!
'쟁이'가 붙은 말들이 이렇게 많았다니!

어떤 단어 뒤에 붙어서 특징을 나타내는 단어로 '꾸러기'도 있어. '말썽꾸러기, 장난꾸러기'처럼 쓰이지.
그나저나 문해력 수련을 하는 우리 친구들은 정말 멋쟁이!

정답: 멋쟁이, 겁쟁이, 욕심쟁이

도전 160일 차
6월 9일

글의 제목으로 알맞은 것을 고르세요.

　4, 5세기 가야의 성장 기반은 '철'이었어요. 고대 사회는 철이 널리 쓰이면서 사회가 변화하고 발전했는데, 가야에서는 질 좋은 철이 풍부하게 생산되었기 때문이지요. 옛 기록에 따르면 가야 지역에서 생산한 철은 화폐처럼 쓰였으며, 주변 국가에 수출하기도 했어요. 특히 왜(지금의 일본)는 철을 만드는 기술이 뒤처져 가야의 철 기술에 크게 의존했다고 해요.

 ❶ 돈의 왕국 가야　Vs　❷ 철의 왕국 가야

가야는 삼국 시대 한반도 남부에 존재했던 한국의 고대 부족 연맹체야!

가야는 질 좋은 철을 많이 생산해서 주변 여러 국가에 수출하기도 하고 여러 장식품을 만들기도 했어. 그래서 이 글의 제목으로는 '철'이 들어간 ❷가 알맞아. '철의 왕국' 가야의 유물을 검색해 봐. 옛날에 만들어진 거라고 믿을 수 없을 정도로 정교하고 아름다워!

도전 161일차 — 6월 10일

그래프를 보고 내용에 알맞으면 O, 알맞지 않으면 X 하세요.

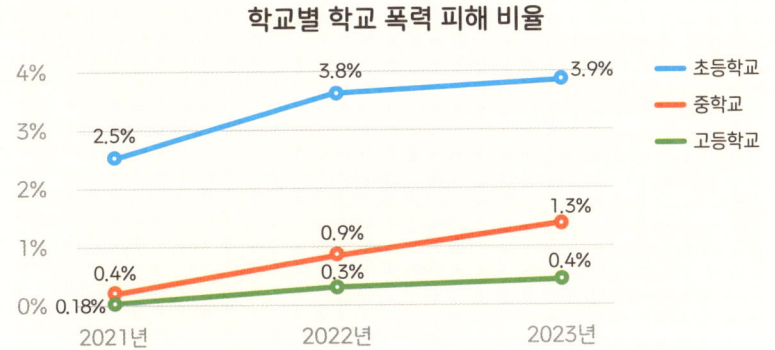

❶ 초등학생 학교 폭력 피해 비율이 중고등학생보다 높다. ( )

❷ 고등학생 학교 폭력 피해 비율은 2023년에 감소했다. ( )

❸ 초, 중, 고등학생 모두 학교 폭력 피해 비율이 매년 증가했다. ( )

그래프는 많은 정보를 한눈에 볼 수 있어. 하지만 방심은 금물이야. 제목, 글, 숫자 등을 정확하게 읽어야 해. 초, 중, 고등학교 모두 학교 폭력 피해 비율이 늘어났으니 ❷의 내용은 잘못되었어. 변화를 한눈에 볼 수 있는 그래프의 매력에 빠져 봐!

6월 11일

밑줄 친 단어와 바꾸어 쓸 수 있는 것을 고르세요.

내 친구는 무대의 <u>한가운데</u>에서 춤을 췄다.

 ❶ 가장자리 VS ❷ 정중앙

한가운데와 바꿔 썼을 때 어색하지 않은 걸 고르면 되겠지?

'가장자리'는 둘레나 끝에 해당하는 부분을, '정중앙'은 어떤 공간의 바로 가운데를 말해. 친구는 무대의 가운데인 정중앙에서 춤을 춘 거겠지? 가장자리에서 추면 관객들이 잘 볼 수가 없잖아. 흠흠, 나도 무대에 나가서 실력을 보여 주고 싶군!

도전 163일 차

6월 12일

빈칸에 들어갈 알맞은 단어를 찾아 글의 제목을 완성하세요.

 을 달지 말자.

'악플'은 '악성 댓글'을 뜻하는 말로, 인터넷에서 다른 사람을 비난하거나 상처를 주는 부정적인 댓글을 말해요. 인터넷에서는 실제 얼굴을 보지 않고 댓글을 달기 때문에, 쉽게 악플을 남길 수 있어요. 악플은 다른 사람에게 심리적으로 큰 상처를 줄 수 있어요. 그러므로 익명성이 특징인 온라인에서 악성 댓글을 달지 않도록 늘 조심해야 해요.

아무리 익명이라고 해도 악플을 달면 절대 안 돼!

이름을 숨기는 것을 '익명'이라고 해. 이 익명성 때문에 사람들은 온라인에서 쉽게 악플(악성 댓글)을 달아. '악성'은 말 그대로 '악한 성질'을 말해. 댓글을 달기 전에 항상 내가 이 댓글을 받는 사람이라고 입장 바꿔 생각해 보자.

도전 164일 차

빈칸에 들어갈 알맞은 단어를 골라 관용어를 완성하세요.

참새가 [　　] 을 그저 지나랴

이번에는 어떤 새로운 간식이 나왔으려나!

① 분식집　② 방앗간　③ 도서관

이 속담은 자기가 좋아하는 곳은 그대로 지나치지 못한다는 뜻이야.

참새가 좋아하는 곳은 어디일까? 바로 방앗간이야!
참새가 좋아하는 쌀, 보리, 밀과 같은 곡식을 찧거나 빻는 곳이지.
과연 참새가 그냥 지나칠 수 있을까? 절대 아니지!
참고로 나는 도서관을 그냥 지나치지 못하지. 후후.

도전 165일 차
6월 14일

에스컬레이터 고장 안내문을 읽고 알맞게 이해한 친구를 고르세요.

고장 안내문

죄송합니다.
에스컬레이터 핵심 부품이 파손되어
이용이 어렵습니다.
신속히 교체하도록 하겠습니다.
옆 계단을 이용해 주시길 바랍니다.

· 수리 기간: 2020년 7월 31일까지

❶ 에스컬레이터와 계단 모두 사용할 수 없어.

❷ 2020년 8월 1일에는 에스컬레이터를 사용할 수 있어.

지하철이나 백화점에서 볼 수 있는
에스컬레이터 고장 안내문이야!

에스컬레이터 대신에 옆 계단을 이용하라고 했으니까
계단은 사용할 수 겠지? 그리고 에스컬레이터는
2020년 7월 31일까지 수리할 예정으로
8월 1일부터는 사용할 수 있어. 그래서 정답은 ❷야.

도전 166일 차

6월 15일

빈칸에 들어갈 알맞은 단어를 고르세요.

어휘지식

바나나 ☐ 을/를 밟아 미끄러져 크게 넘어졌다.

① 껍질 VS ② 껍데기

감자 먹을 때를 떠올려 보자!
감자 껍질을 벗겨서 소금을 찍어 먹으면, 꿀꺽!
'껍질'은 물체의 겉을 싸고 있는 단단하지 않은 물질이고,
'껍데기'는 달걀이나 조개 따위의 겉을 싸고 있는 단단한 물질이야.
그나저나 먼말이는 괜찮을까? 안 다쳤으려나…!

정답 ❶

도전 167일 차

6월 16일

글을 읽고 두 현상이 일어난 이유로 알맞게 이해한 친구를 고르세요.

님비(NIMBY)는 'Not In My Backyard'의 약자로 '내 뒷마당에는 안 돼.'라는 뜻이에요. 사람들이 발전소나 쓰레기 처리장 같은 시설이 필요하다고 생각하면서도, 자기 집 근처에 들어서는 것을 반대하는 현상을 말해요. 반면에 핌피(PIMFY)는 'Please In My Front Yard.'의 약자로 '내 앞마당에 제발 지어 주세요.'라는 뜻이에요. 사람들이 자기 지역에 이익이 되는 시설이 들어서기를 원하는 현상을 말해요. 대형 쇼핑몰이나 공원이 들어오면 지역 경제가 좋아지고 편리해지기 때문에 환영하는 거예요.

 ❶ 자기의 이익을 중요하게 여기는 이기주의에서 비롯되었어.

VS

 ❷ 모두의 이익을 중요하게 여기는 배려하는 마음에서 비롯되었어.

주변에서 일어나는 현상에 관심을 갖자!
님비와 핌피 현상 모두 자기의 이익을 먼저 챙기려는 이기주의에서 비롯되었어. 모두의 이익을 중요하게 여겼다면 모두에게 필요한 시설이 들어서는 것에 찬성하겠지? 우리 사회는 이 두 현상을 잘 조율해서 모두가 살기 좋은 환경을 만들어야 해.

정답 ❶

6월 17일

글을 읽고 내용에 알맞으면 O, 알맞지 않으면 X 하세요.

꿀벌들이 서로 어떻게 대화하는지 알고 있나요? 꿀벌들은 꽃을 발견하면 특별한 춤으로 서로 신호를 보내요. 그리고 다른 꿀벌들은 이 춤을 보고 꽃이 있는 방향과 거리를 알 수 있어요. '8자 춤'은 꽃이 100~130m 정도의 먼 거리에 있을 때, '초승달 춤'은 50~100m 거리에 있을 때, '원형 춤'은 꽃이 매우 가까이 있을 때 춘다고 해요.

❶ 꿀벌들은 다양한 소리로 신호를 보낸다. ( )
❷ 8자 춤은 꽃이 매우 가까이 있을 때 추는 춤이다. ( )
❸ 꿀벌들은 다른 꿀벌의 춤을 보고 꽃이 있는 방향과 거리를 알 수 있다. ( )

꿀벌은 춤으로 소통하고 우리는 문해력으로 소통하지.

우리는 말로 대화하고 꿀벌은 춤으로 대화해.
그래서 소리가 아닌 춤으로 신호를 보내 서로 소통하는 거야.
매우 가까이 있을 때 추는 춤은 8자 춤이 아니라 원형 춤이야.
앞으로 꿀벌이 춤을 출 때 눈을 크게 뜨고
어떤 모양인지 잘 살펴봐!

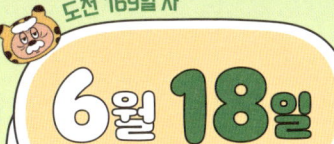

도전 169일 차
6월 18일

빈칸에 들어갈 알맞은 단어를 고르세요.

어휘지식

수학 여행에서 ☐ 을 제공한다.

가정 통신문
수학 여행 관련 안내
⋮
중식은 수학 여행지에서 제공됩니다.

중식…?

 ❶ 중국 음식   **VS**   ❷ 점심밥

한식, 중식, 일식 중에서
친구들이 제일 좋아하는 음식은?
'중식!'이라고 대답한 친구들, 설마 이 문제의 정답을
'중국 음식'이라고 고른 건 아니겠지?
'중식'의 '중'은 가운데 중(中)을 써서 하루의 중간에 먹는 밥,
즉 점심에 끼니로 먹는 밥을 말하는 거야.

정답 ❷

도전 170일 차

6월 19일

안내판을 보고 알맞게 이해한 친구를 고르세요.

 분석 평가

말 무덤 (언총: 言塚)

- **말 무덤 설치:** 400~500여 년 전
- **유래:** 옛날부터 성씨가 서로 다른 사람들이 모여 살던 마을에 사소한 말 한마디가 씨앗이 되어 집안끼리 싸움이 그칠 날이 없었다. 마을 어른들이 대책을 찾던 중, 지나가던 과객이 해결책을 일러 준 대로 말 무덤을 만들었다. 그 뒤로 마을이 평온해져 현재에 이른다.

 ❶ 전쟁터에서 죽은 말을 기억하기 위해 만든 무덤이 아닐까?

 ❷ 싸움을 일으키는 거친 말을 종이에 써서 땅에 묻은 무덤이 아닐까?

'유래'를 살피면 어떤 '말'을 의미하는지 알 수 있어. 우리가 타는 말의 무덤이 아니라 우리의 생각과 느낌을 주고받는 말의 무덤을 말해. 말 때문에 싸움이 일어났으니 나쁜 말을 그릇에 뱉은 다음에 그 그릇을 묻고 무덤을 만든 거야. 우리 친구들은 어떤 말을 묻고 싶니?

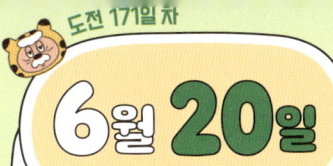

다음 속담의 뜻으로 알맞은 것을 고르세요.

티끌 모아 태산

 ❶ 착하고 좋은 사람이라도 업신여기면 가만 있지 않는다.

VS

 ❷ 작은 것이라도 쌓이고 쌓이면 크게 된다.

아무리 작은 것도 모이고 모이면 큰 덩어리가 돼.
먼지도 모으면 큰 산이 된다는 의미야. 십 원짜리 동전도 많이 모으면
큰돈이 되잖아. 작은 먼지도 계속 쌓이면 청소하기 힘들어지고!
후후. 우리 친구들이 매일 문해력을 공부하면?
어떻게 될지는 친구들의 상상에 맡기겠어.

도전 172일 차

6월 21일

지하철 안내 화면을 보고 내용에 알맞으면 O, 알맞지 않으면 X 하세요.

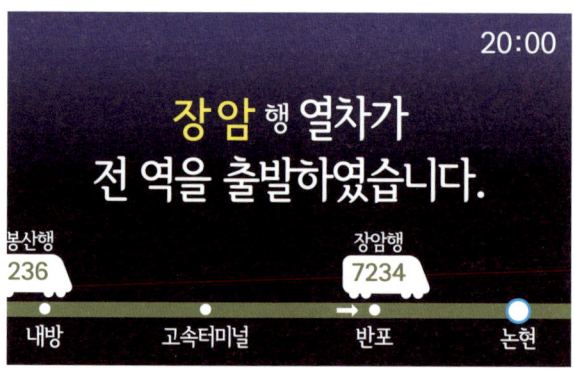

❶ 이 화면을 보고 있는 사람은 논현역에 있다. ( )

❷ 두 역을 간격으로 다음 열차가 또 올 예정이다. ( )

❸ 지금 들어오는 지하철을 타면 반포역을 갈 수 있다. ( )

장암행 열차가 반포역을 지나고 있어!

장암행 열차가 '전 역'을 출발했다고 하니, 화면을 보는 사람은 반포역 다음인 논현역에 있는 거겠지? 그리고 내방역에도 지하철이 있으니까 두 정거장 간격을 두고 다음 열차가 또 들어올 거라고 예상할 수 있어.

정답 ❶ O ❷ O ❸ X

도전 173일 차

6월 22일

빈칸에 들어갈 알맞은 단어를 고르세요.

어휘지식

저녁을 먹고 나니 ☐ 이 나왔다.

"고수님, 도대체 저녁에 뭘 드신 거예요…?"

"으악, 고약해!"

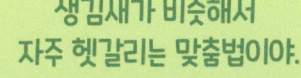
❶ 트름 VS ❷ 트림

생김새가 비슷해서
자주 헷갈리는 맞춤법이야.

'트림'은 먹은 음식이 위에서 잘 소화되지 않아서
생긴 가스가 입으로 복받쳐 나온 것 또는 그 가스를 의미해.
'트름'이라는 말을 자주 쓰지만 틀린 말이야.
그나저나 트림은 입을 손으로 가리고 조용히 해야 해.

정답 ❷

6월 23일

날치가 날 수 있는 이유를 알맞게 말한 친구를 고르세요.

    날치는 날기의 명수다. 날치는 가슴지느러미가 커서 한 번에 400미터를 날 수 있다. 몸길이가 약 35센티미터인 물고기가 새처럼 날아오르는 모습은 경이롭다.* 날치가 이렇게 높이 날아오르는 이유는 천적인 황새치의 먹잇감이 되지 않고 살아남기 위해서다. 세월이 훨씬 더 지난다면 하늘 위를 날아다니는 새롭게 진화한 날치를 볼 수 있을지도 모른다.

*경이롭다: 놀랍고 신기한 데가 있다.

 ❶ 새처럼 등에 날개가 있어서 **VS** ❷ 큰 가슴지느러미가 있어서

날치가 날 수 있어서 날치였다는 것 몰랐지?
날치는 날개가 아니라 큰 가슴지느러미 덕분에 날 수 있는 거야.
참고로 '날다'의 뜻에는 두 가지가 있어.
공중에 떠서 어떤 위치에서 다른 위치로 움직이는 것과,
어떤 물체가 매우 빨리 움직인다는 뜻이 있어.

6월 24일

글의 중심 소재로 알맞은 것을 고르세요.

전 세계 사람들이 한국의 음악, 드라마, 영화, 음식, 패션 등을 즐기면서 K-컬처가 큰 인기를 끌고 있어요. K-팝으로 불리는 한국의 대중가요는 신나는 멜로디와 멋진 춤으로 사람들의 마음을 사로잡았어요. 한국 드라마와 영화도 인기가 많아요. 김치, 비빔밥, 불고기 등의 한국 음식은 맛있고 건강에 좋아서 이 음식을 맛보기 위해 많은 사람이 한국 식당을 찾아요. 한글, 한복, 전통 놀이 등 한국의 전통문화도 K-컬처의 한 부분으로 큰 관심을 받고 있어요. K-컬처는 전 세계 사람들에게 한국을 알리고, 한국을 사랑하게 만드는 중요한 역할을 해요.

❶ K-컬처   ❷ K-팝   ❸ 김치

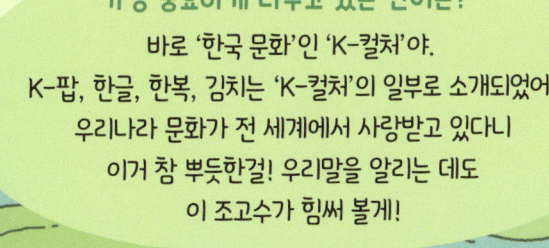

가장 중요하게 다루고 있는 단어는?
바로 '한국 문화'인 'K-컬처'야.
K-팝, 한글, 한복, 김치는 'K-컬처'의 일부로 소개되었어.
우리나라 문화가 전 세계에서 사랑받고 있다니
이거 참 뿌듯한걸! 우리말을 알리는 데도
이 조고수가 힘써 볼게!

도전 176일 차

6월 25일

빈칸에 들어갈 알맞은 단어를 고르세요.

어휘지식

남한과 북한을 가르는 기준은 ☐ 이다.

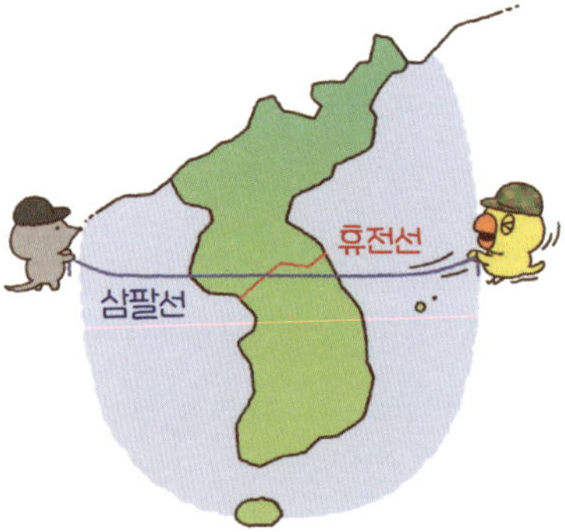

① 휴전선 Vs ② 삼팔선

지금 한반도를 가르고 있는 선의 이름을 알고 있니?

삼팔선은 1945년 해방 직후 소련과 미국에 의해 설정된 분계선이야. 북위 38도선을 경계로 남과 북을 나누어서 삼팔선이라고 불렀어. 6.25 전쟁 휴전 전까지는 삼팔선이 남한과 북한을 가르는 경계였지만, 1953년 7월 27일 휴전 이후에는 휴전선이 남한과 북한을 분단국가로 가르고 있어.

정답 ①

6월 26일

글을 읽고 알맞게 이해한 친구를 고르세요.

인공 지능(AI)은 인간의 창의성을 모방하여 미술, 음악, 문학 등 다양한 예술 작품을 창작한다. 인공 지능은 기존의 예술 작품을 학습하고 분석하여 새로운 예술 작품을 만들어 낼 수 있다. 예를 들어 특정 화가의 스타일을 학습한 인공 지능은 그 화가와 비슷한 그림을 그릴 수 있다. 인공 지능 미술은 전통적인 예술과는 다르게 기술과 창의성이 결합한 형태로, 새로운 예술의 가능성을 보여 준다.

 ❶ 고흐의 그림을 학습한 인공 지능은 고흐와 비슷한 그림을 그릴 것이다.

 ❷ 인공 지능 미술은 화가의 작품을 복제한 것이라 예술로 인정할 수 없다.

인공 지능(AI)이란 인간과 유사한 지능을 갖춘 컴퓨터 시스템이야!

인공 지능(AI)은 화가의 그림 스타일을 학습해 비슷한 그림을 그릴 수 있어. 고흐의 그림을 학습한 AI는 고흐 그림, 모네의 그림을 학습한 AI는 모네 그림과 비슷하게 그리겠지. 이 글은 인공 지능 미술이 예술과 기술이 결합해 새로운 가능성을 보여 준다고 주장하므로 ❷는 알맞지 않아.

정답 ❶

6월 27일

다음 상황에 어울리는 사자성어를 고르세요.

> 소야, 내가 이야기를 들려줄 테니까 집중해서 잘 들어 봐.

끔벅

① 우이독경 VS ② 십중팔구

소에게 책을 읽어 주면 과연 알아들을 수 있을까?

'우이독경'은 소귀에 경 읽기라는 뜻으로, 아무리 가르치고 일러 주어도 알아듣지 못한다는 말이야. '십중팔구'는 열 가운데 여덟이나 아홉 정도로 거의 대부분이거나 거의 틀림없다는 말이지. 문해력이 늘면 십중팔구 글을 잘 이해하게 될 거야.

도전 179일 차

6월 28일

글의 제목으로 알맞은 것을 고르세요.

 활용 적용

 **❶ 개인 위생**
흐르는 물에 비누로 30초 이상 깨끗하게 손을 씻어요.

 **❷ 익혀 먹기**
육류는 중심 온도 75℃, 어패류는 85℃에 1분 이상 익혀 먹어요.

 **❸ 끓여 마시기**
물은 안전하게 끓여 마셔요.

 **❹ 세척·소독하기**
식재료와 조리 기구는 깨끗히 세척·소독하여 구분해서 사용해요.

 ❶ 식중독이 발생하는 이유

 VS

❷ 식중독을 예방하는 방법

식중독은 음식을 먹고 나서 갑자기 설사, 복통 등의 증상이 생기는 병이야.
식중독은 날씨가 더워서 음식물이 상할 수 있는 여름에 걸리기 쉬워. 그래서 음식을 반드시 익혀 먹고, 끓여 먹고, 세척과 소독을 하는 게 중요해. 이 글은 식중독이 발생한 원인보다 예방하는 방법을 구체적으로 제시하고 있으므로 ❷가 정답이야.

도전 180일 차

6월 29일

가로세로 어휘 퍼즐을 완성하세요.

가로 열쇠

① 화재나 지진 따위의 갑작스러운 사고가 일어날 때에 급히 대피할 수 있도록 마련한 출입구.
② 음식물에 함유된 유독 물질을 먹어 생기는 급성 소화 기관 병.
③ 달걀이나 조개 따위의 겉을 싸고 있는 단단한 물질.

세로 열쇠

❶ 발전소나 쓰레기 처리장 같은 시설이 필요하다고 생각하면서도, 자기 집 근처에 들어서는 것을 반대하는 현상.
❷ '열 가운데 여덟이나 아홉 정도로 거의 대부분이거나 거의 틀림없음'을 의미하는 사자성어.
❸ 우리나라 국기.

※맨 뒤에서 정답을 확인해 보세요.

도전 181일 차

6월 30일

체크리스트를 확인해 보며 나의 평소 글쓰기 습관을 점검해 보세요.

✓ 메타인지

체크리스트

	예	아니요
❶ 나의 생각을 글로 잘 표현할 수 있나요?	☐	☐
❷ 내가 겪은 일을 자유롭게 글로 표현하나요?	☐	☐
❸ 이야기를 읽고 중요한 내용을 기록하나요?	☐	☐
❹ 글을 쓰기 위해 적절한 정보를 수집하나요?	☐	☐
❺ 글을 쓰는 목적, 글을 읽는 대상에 맞게 글을 쓰나요?	☐	☐
❻ 한글 맞춤법에 맞게 글을 쓰나요?	☐	☐
❼ 적절한 단어나 표현을 사용하나요?	☐	☐
❽ 문장 부호를 알맞게 사용하나요?	☐	☐

도전 182일 차

7월 1일

어린이 국회에서 아래의 법률안을 만든 이유로 알맞은 것을 고르세요.

주요 내용

이 법률안은 어린이 유튜버 및 크리에이터를 대상으로 열악한 노동 환경, 착취, 보호 장치 미비 등 어두운 면에 관심을 가지며, 어린이들의 활동을 기존 아동 노동법 안에서 다룰 수 있게 함으로써 명확한 법적 장치의 틀 안에서 어린이들을 보호하려는 데 목적이 있다.

 ❶ 어린이 유튜버와 크리에이터들이 최대한 광고를 많이 할 수 있도록 만든 법이야.

 ❷ 어린이 유튜버와 크리에이터들이 안전하고 건강하게 활동할 수 있도록 만든 법이야.

법을 알기 위해서도 문해력이 필요하지.
어린이 국회에서 만든 법은 꼭 지켜야 하는 법은 아니야.
그래도 법을 만드는 연습을 하면 읽기와 쓰기 실력이 늘어.
이 법률안은 어린이 유튜버들이 법적 장치 안에서 보호를 받으며 안전하게 활동할 수 있도록 만든 법이야.
그래서 ❷가 정답이지.

7월 2일

영화 포스터를 읽고 내용에 알맞으면 O, 알맞지 않으면 X 하세요.

❶ 이 영화는 아직 개봉하지 않았다. ( )

❷ 이 영화는 우리나라에서만 개봉했다. ( )

❸ 이 영화는 사이좋은 형제가 등장한다. ( )

영화 포스터에도 많은 정보가 들어 있어!

'절찬 상영 중'이라는 문구를 통해 이 영화가 이미 개봉되었다는 걸 알 수 있어. 영화에 등장하는 두 주인공은 형제이고!

정답 ❶ X ❷ X ❸ O

도전 184일 차

7월 3일

밑줄 친 단어와 의미가 같은 것을 고르세요.

어휘지식

동생은 오징어 <u>다리</u>를 질겅질겅 씹고 있었다.

❶ 승미는 <u>다리</u>가 부러진 안경을 들고 있었다. ( )
❷ 내가 앉을 의자의 <u>다리</u>가 하나 부러져 있었다. ( )
❸ 문어의 <u>다리</u>는 여덟 개로 빨판이 많이 달려 있다. ( )

다리는 다 같은 다리일까?

한 단어가 두 가지 이상의 뜻을 가지고 있을 때 그 단어를 '다의어'라고 해. '다리'는 원래 '사람이나 짐승의 몸통 아래에 붙어서 몸을 받치며 서거나 걷거나 뛰게 하는 부분'을 가리켜. 하지만 책상이나 의자의 다리처럼 물건의 '하체' 부분을 가리키기도 해.

도전 185일 차

글을 읽고 알맞게 이해한 친구를 고르세요.

요즘 식당에 가면 로봇이 음식을 서빙하는 모습을 볼 수 있어요. 서빙 로봇은 센서와 카메라를 사용해서 주변을 살피고 장애물을 피해요. 서빙 로봇에 식당의 테이블 번호를 입력하면, 로봇은 정확하게 그 테이블로 가서 음식을 전달해요. 손님이 음식을 받으면 로봇은 다시 주방으로 돌아가요. 로봇의 서빙으로 식당에서 일하는 사람들의 일손이 줄고, 손님들에게도 재미있는 경험을 제공하게 되었어요. 로봇 기술이 발전하면서 우리의 생활이 더욱 편리해지고 있어요.

❶ 서빙 로봇을 사용하지 말자고 설득하는 글이야.

❷ 서빙 로봇이 하는 일에 관한 정보를 전달하는 글이야.

'정보를 전달하는 글'과
'설득하는 글'의 차이점은 무엇일까?

다른 사람에게 정보를 알려 주기 위해 쓰는 글을 정보를 전달하는 글이라고 해. 하지만 설득하는 글은 다른 사람의 마음이나 생각을 바꾸려고 하지. 이 글은 서빙 로봇에 관한 정보를 전달하는 글로 ❷가 정답이야.

도전 186일 차

7월 5일

다음 관용어의 뜻으로 알맞은 것을 고르세요.

발목을 잡다

 ❶ 다른 사람의 발을 걸어 넘어뜨리다.

VS

 ❷ 어떤 일에 잡혀서 벗어나지 못하게 하다.

화장실이 정말 급한데 친구들이 발목을 잡고 있어!

볼일을 봐야 하는데 발목이 잡혀서 볼일을 못 보고 있어. 이렇게 '발목을 잡다'는 어떤 일에 꽉 잡혀서 벗어나지 못하는 상황을 말해.

정답 ❷

 도전 187일차

7월 6일

글을 읽고 알맞게 행동한 친구를 고르세요.

 활용 적용

심호흡
숨을 코로 크게 들이마시고, 입으로 "후!" 하고 소리를 내며 풍선을 부는 것처럼 천천히 내쉽니다.

나비 포옹법
두 팔을 가슴 위에 교차하고, 양손을 나비가 날갯짓하듯이 10~15번 정도 어깨를 가볍게 두드려 봅니다.

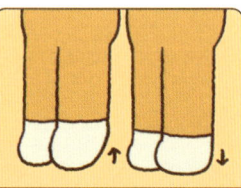
땅에 발 딛기
발바닥을 바닥에 붙이고, 발이 땅에 닿아 있는 느낌에 집중합니다. 땅에 발을 딛고 있는 것을 느끼면서 '지금 여기'에 집중합니다.

 ❶ 발표 전에 너무 떨려서 심호흡을 한 번 크게 내뱉었어.

 ❷ '지금 여기'에 집중하기 위해서 한쪽 발을 들어 올렸어.

문해력을 쌓으면 정신 수양도 된다고!
오늘 새롭게 알게 된 내용을 실천해 봐.
그게 진짜 문해력이야. 지금 당장 심호흡도 하고
나비가 날갯짓하듯이 어깨를 가볍게 두드려 봐.
그리고 발바닥을 땅에 붙이고 '지금 여기'에 집중해 봐.

 정답 ❶

도전 188일 차

7월 7일

글의 밑줄 친 상황에서 견우와 직녀의 마음으로 가장 알맞은 것에 ○ 하세요.

옛날 하늘 나라에 목동 견우와 베 짜는 소녀 직녀가 살았어요. 두 사람은 서로 사랑에 빠져 결혼했지만, 일하지 않고 매일 함께 놀기만 했어요. 이 모습을 본 옥황상제는 ❶ 화가 나서 견우와 직녀를 은하수 양쪽에 떨어뜨려 놓았어요. 그러고는 일 년에 한 번 칠석날에만 만날 수 있게 했어요. 슬퍼하던 견우와 직녀를 위해 까마귀와 까치들이 은하수에 오작교를 만들어 주어 ❷ 그날만은 둘이 만날 수 있었어요. 그래서 칠석날이 되면, 하늘에 까마귀와 까치가 모여 다리를 놓아 주는 모습을 상상하게 되었지요.

상황 ❶	상황 ❷
슬프다, 화난다, 기쁘다	반갑다, 속상하다, 지겹다

칠석날은 음력 7월 7일을 이르는 말이야.
일 년에 한 번 만나는 견우와 직녀의 심정은 어떨까?
정말 반갑고 기쁠 거야. 나는 친구들과
매일 만날 수 있어서 얼마나 기쁜지 몰라.

도전 189일 차

7월 8일

글을 읽고 알맞게 이해한 친구를 고르세요.

통합해석

화산 폭발은 지구 표면의 통풍구나 균열을 통해서 지구 내부에서 마그마, 화산재, 가스가 갑자기 방출되는 것을 말한다. 이러한 화산 폭발 과정은 땅에 새로운 변화를 불러온다. 대표적인 예로 섬, 분화구, 용암 고원 등이 생기는 것이다. 이렇듯 화산 폭발은 작은 지형의 변화에서부터 지구의 기후를 변화시킬 수 있는 치명적인 폭발 사건에 이르기까지 규모가 매우 다양하다.

❶ 화산이 폭발하는 과정과 영향에 대해 설명하고 있다.

❷ 화산이 어느 지역에 많이 분포하는지 설명하고 있다.

문해력이 있으면 자연의 변화도 알 수 있어!

이 글은 화산이 폭발하면서 땅을 어떻게 변화시키는지 설명하고 있는 글이야. 그래서 정답은 ❶이지!
섬, 분화구, 용암 고원이 화산 폭발로 생기는 거였구나.
2025년에 백두산이 폭발할 수도 있다는데 정말일까?

정답 ❶

도전 190일 차

7월 9일

영수증을 보고 내용에 알맞으면 O, 알맞지 않으면 X 하세요.

6.3 탐색확인

```
        국민 가게 다있소
─────────────────────────────
   교환, 환불은 구입한 지 14일 이내
 영수증, 결제 카드 지참 후 구입 매장에서 가능
     (체크 카드 취소 시 최대 7일 소요)
  (포장/가격표 훼손 시 교환/환불 불가합니다.)
─────────────────────────────
 계산대 1
─────────────────────────────
 포장 리본        1,000    1    1,000
 종이 상자(대)    5,000    1    5,000
─────────────────────────────
 판매 합계                      6,000
─────────────────────────────
 신용 카드                      6,000
```

❶ 상품을 교환할 때는 영수증이 없어도 된다. ……( )

❷ 7월 9일에 샀다면 7월 22일에는 환불이 가능하다. ……( )

❸ 이 영수증을 소지한 사람은 현금으로 물품을 구매했다. ( )

문해력은 경제 생활에서
빼놓을 수 없는 필수 능력이야.

물건을 사고 나서 영수증을 꼼꼼하게 확인해야 해.
물건 가격이나 개수가 잘못 찍혀서 금액이 잘못 나올 수 있거든.
교환이나 환불해야 하는데 기간을 놓쳐서도 안 되겠지?

정답: ❶ X ❷ O ❸ X

도전 191일 차

7월 10일

단어의 짝이 나머지와 다른 것을 고르세요.

❶
| 위 | 아래 | | 곤충 | 모기 |
( )   ( )

| 과일 | 사과 | | 동물 | 사슴 |
( )   ( )

❷
| 부모 | 엄마 | | 신발 | 운동화 |
( )   ( )

| 학교 | 동생 | | 간식 | 초콜릿 |
( )   ( )

다른 단어를 포함하는 단어를 '상위어'라고 해!
한 단어의 의미가 다른 단어의 의미를 포함하는 상하 관계의 낱말들이 있어. 이때 전체를 포함하는 단어를 '상위어'라고 해. 초, 중, 고등학교는 '학교'에 포함돼. 그래서 '학교'는 상위어지.

정답 ❶ 과일-사과 ❷ 학교-동생

글을 읽고 알맞게 이해한 친구를 고르세요.

지렁이와 달팽이는 한 몸에 암컷과 수컷의 생식기가 모두 있습니다. 지렁이는 서로 다른 두 마리가 만나 체액을 교환하여 알을 낳고, 감싸서 땅에 묻습니다. 이렇게 땅에 묻힌 알은 몇 주 후 부화합니다. 달팽이도 두 마리가 만나 서로의 정자를 교환합니다. 시간이 지나 달팽이는 땅속에 알을 낳고, 알은 몇 주 후에 작은 달팽이로 부화합니다. 이렇게 지렁이와 달팽이는 서로의 도움을 받아 번식하고, 새로운 생명을 이어 갑니다.

 ❶ 달팽이는 혼자 스스로 번식하여 알을 낳는군.

VS

❷ 지렁이는 다른 지렁이와 짝짓기를 해서 번식하는군.

때로는 배경지식이 글을 이해하는 데 방해될 때가 있어.

달팽이와 지렁이가 암수의 생식 기관이 한 몸에 있는 자웅 동체라는 걸 아는 친구들은 달팽이와 지렁이가 짝짓기를 하지 않을 거라고 생각했을 거야. 하지만 자웅 동체인 동물들도 짝짓기를 해. 그래야 건강한 유전자를 물려줄 수 있기 때문이야.

7월 12일

빈칸에 들어갈 알맞은 단어를 골라 관용어를 완성하세요.

☐ 이/가 근질근질하다

❶ 콧구멍   ❷ 발바닥   ❸ 엉덩이

엉덩이가 무거워야 문해력이 세진다!

한군데 가만히 앉아 있지 못하고 자꾸 일어나 움직이고 싶어 할 때 '엉덩이가 근질근질하다'고 해. '엉덩이가 가볍다'는 어느 한자리에 오래 머물지 못하고 바로 자리를 뜨는 것을 말하지. 우리 친구들은 문해력 수련하는 동안은 엉덩이가 무겁겠지?

도전 194일 차

7월 13일

분리배출 방법 안내문을 읽고 알맞게 행동한 친구를 고르세요.

	종류	예시	배출 방법
	종이류	신문지, 전단지, 종이 박스, 책자, 노트 등	· 물기에 젖지 않게 묶거나 박스류에 담아서 배출
	유리병류	음료수병, 기타 병류	· 병뚜껑을 제거하여 배출
	비닐류	과자, 라면 봉지, 1회용 비닐 봉투 등	· 이물질이 묻은 경우 깨끗이 씻어서 배출 · 오염된 비닐은 종량제 봉투에 담아서 배출
	투명 페트병	음료와 생수에 사용되었던 투명 페트병	· 내용물을 비우고 라벨은 떼고 부피를 줄인 후 전용 수거함에 배출
	플라스틱류	플라스틱 용기류, 유색 페트병 및 페트 용기류	· 내용물을 비우고 라벨은 떼고 부피를 줄인 후 플라스틱 수거함에 배출

 ❶ 투명 페트병에 담긴 음료수를 마시고 라벨을 떼고 버렸어.

 ❷ 투명 페트병에 음료수가 남아서 병뚜껑을 꽉 닫아서 버렸어.

분리배출 방법을 잘 읽고,
읽은 대로 실천하면 어떤 일이 일어날까?

재활용하는 자원이 늘어나서 에너지 낭비를 줄일 수 있어.
참고로 음료수를 먹은 후에는 내용물을 비우고, 병뚜껑을 제거하여
분리배출해야 해. 음료수를 남긴 채 병뚜껑을 꽉 닫은
❷는 잘못된 행동이야.

❶ 정답

도전 195일 차 — 7월 14일

보기를 보고 빈칸에 들어갈 알맞은 단어를 쓰고, 단어의 뜻을 알아보세요.

보기

불-(不) 아닐 불
어떤 낱말 앞에 붙어서 '아님', '어긋남'의 뜻을 더한다.

가능	균형	충분
가 능	균 형	충 분
할 수 없거나 될 수 없음.	어느 편으로 치우쳐 고르지 아니함.	만족할 만큼 넉넉하지 아니함.

우리는 불건전한 어린이가 아니라
건전한 어린이가 되자!

'건전하다'는 한쪽으로 치우치지 않고 제대로인 것을 말해.
그러니까 나쁜 쪽으로 빠지면 불건전하게 되는 거야.
우리 모두 '건전'과는 가까워지고
'불건전'과는 멀어지자고. 알았지?

불가능 '물균형 '불충분

7월 15일

신문 기사를 읽고 알맞게 이해한 친구를 고르세요.

통합 해석

이상 기후에 등장한 '금사과' 50년 뒤에는 재배 불가

올해 이상 기후로 비가 많이 내리면서 사과 수확량이 크게 줄어 사과의 가격이 올랐습니다. '금사과'라는 말이 나올 정도인데요. 50여 년 뒤에는 지구 온난화 때문에 한반도에서 사과를 볼 수 없을지도 모른다고 합니다.

❶ 50년 뒤에는 금으로 만든 사과를 먹을 수 있겠군.

❷ 사과 수확량이 줄어 비싸진 사과를 '금사과'라고 부르는구나.

비유적 표현에는 과장된 표현이 많아!

이 글에서 사과 가격이 너무 비싸서 금으로 만든 사과 같다고 비유했어. 비유에는 과장된 표현이 많으니까 있는 그대로 받아들이지 않도록 조심하자. 진짜 금사과가 있다면 그 가격은 얼마일까?

7월 16일

글에서 묘사하는 탈로 알맞은 것을 고르세요.

살구색 안면 위에 분을 칠해 얼굴의 특징을 잘 표현했다. 얼굴을 자세히 보면 양 볼에 연지가 있고 이마에는 곤지도 있다. 입술은 붉은빛이 돈다. 콧날은 우뚝하지 않고 펑퍼짐하다. 두 눈은 치뜨고 있으며 그 아래에 있는 광대뼈는 넓게 퍼져 있다. 입은 굳게 다물고 있다. 머리 위에는 꽈배기와 같은 머리가 붙어 있고 얼굴 양옆에는 머리채를 늘어뜨렸다.

❶
양반탈

❷
선비탈

❸
각시탈

'묘사'란 어떤 대상이나 사물을 글로 설명하거나 그림을 그려서 표현하는 걸 말해.
묘사할 때는 대상의 특징이 잘 드러나게 서술하는 게 좋아.
전체적인 모습을 묘사할 수도, 특징적인 부분을 묘사할 수도 있어.
"길고 새하얀 눈썹이 위로 올라가 있고,
위엄 있고 카리스마 있는 눈빛을 가지고 있다."
자, 어때! 내 모습이 잘 떠오르니?

도전 198일 차

7월 17일

빈칸에 들어갈 알맞은 용어를 고르세요.

어휘지식

대한민국 ☐

제1조 ❶ 대한민국은 민주 공화국이다.
　　　 ❷ 대한민국의 주권은 국민에게 있고 모든 권력은 국민으로부터 나온다.

❶ 헌법　Vs　❷ 법률

법 위에 있는 법, 헌법 제1조의 뜻을 알면
우리나라가 어떤 나라인지 알 수 있어.

위의 조항은 대한민국 헌법에 있는 내용이야.
'민주 공화국'은 주권이 국민에게 있고
국민의 의사에 따라 나랏일이 이루어지는 나라를 말해.
우리나라는 국민이 제일이야.

❶ 답정

7월 18일

경고문을 읽고 내용을 알맞게 이해한 친구를 고르세요.

수산 자원 보호를 위하여 어린 수산물을 잡지 맙시다!

포획 금지 기간

꽃게
6월 21일 ~ 8월 20일

대하
5월 1일 ~ 6월 30일

해삼
7월 1일 ~ 7월 31일

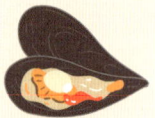
키조개
7월 1일 ~ 8월 31일

❶ 어린 수산물의 포획 금지 기간은 모두 동일하다.

❷ 포획 금지 기간을 정해 어린 수산물을 보호한다.

경고문은 조심하거나 삼가도록 미리 주의를 주는 글이야.

경고문은 일종의 안내문이라고 할 수 있지. 경고문을 읽고 그 내용을 지키지 않으면 법에 따라 처벌을 받을 수 있어. 그러니까 잘 읽고 지켜야 해. 포획 금지 기간은 수산물마다 모두 다르네.

도전 200일 차
7월 19일

다음 속담의 뜻으로 알맞은 것을 고르세요.

어휘지식

소 잃고 외양간 고친다

외양간이 허술해서 소가 도망간 걸까…? 진작 고칠걸!

소 어디 갔어?

❶ 일이 잘못되어도 다음번에 잘하면 된다. **VS** ❷ 일이 이미 잘못된 뒤에는 손을 써도 소용이 없다.

소를 잃었는데 이제 와서 외양간을 고치면 뭐 해?

이 속담은 일이 이미 잘못된 뒤에는 손을 써도 소용이 없을 때 쓰는 말이야. 혹시 지금 나도 잃을 게 없는지 잘 생각해 봐. 잃을 게 있다면 미리 대비하는 것이 좋아.

정답 ❷

도전 201일 차

7월 20일

선풍기 사용 설명서를 읽고 내용에 알맞으면 O, 알맞지 않으면 X 하세요.

탐색확인

사용 설명서

전원 [전원] 버튼을 누르면 선풍기가 동작하고 [전원] 버튼을 다시 누르면 선풍기가 정지합니다.

바람 세기 [증가], [감소] 버튼을 눌러 바람 세기를 10단계로 조절 가능합니다. [감소] 버튼을 누르면 바람 세기가 약해지고 [증가] 버튼을 누르면 바람 세기가 강해집니다.

시간 조절 동작 중 [시간] 버튼을 누르고 [증가], [감소] 버튼을 눌러 30분 간격으로 8시간까지 꺼짐 시간을 설정할 수 있습니다.

❶ [증가], [감소] 버튼으로 바람 세기를 10단계로 조절할 수 있다. (   )

❷ 시간 조절을 하려면 [시간] 버튼을 계속 누르고 있으면 된다. (   )

제품 설명서를 잘 읽어야 물건을 쓸모 있게 쓸 수 있어.

선풍기의 시간을 조절하려면 [시간] 버튼을 누르고 [증가] 또는 [감소] 버튼을 함께 눌러야 해. 사용 설명서를 꼼꼼히 읽다 보면 선풍기의 새로운 기능들이 보일지도 몰라! 그나저나 이번 여름은 얼마나 더우려나?

정답 ❶ O ❷ X

7월 21일

단어에 알맞은 뜻을 찾아 선을 이으세요.

어휘지식

단어

- 싱글벙글
- 조마조마
- 쭈뼛쭈뼛
- 덩실덩실

뜻

- 신이 나서 팔다리를 흥겹게 자꾸 놀리며 춤을 추는 모양.
- 닥쳐올 일에 대하여 염려가 되어 마음이 초조하고 불안한 모양.
- 어줍거나 부끄러워서 자꾸 주저주저하거나 머뭇거리는 모양.
- 눈과 입을 슬며시 움직이며 소리 없이 정답고 환하게 웃는 모양.

'의태어'는 모양이나 움직임을 흉내 내는 말을 뜻해.

글에 의태어를 쓰면 훨씬 상상하기도 쉽고 재미있어져.
'아기가 웃어요.'와 '거북이가 기어가요.' 보다
'아기가 싱글벙글 웃어요.', '거북이가 엉금엉금 기어가요.'라는
표현이 훨씬 생동감 있어!

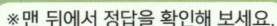

7월 22일

글을 읽고 노란색이 주의를 집중시키는 이유로 알맞은 것을 고르세요.

노란색은 우리 눈에 아주 잘 띄는 색입니다. 그래서 주의를 끌고 싶을 때 노란색을 사용하는 것이 좋습니다. 노란색은 경고의 의미를 담고 있어 사람들에게 위험을 알리고 조심하라는 신호를 줍니다. 예를 들어 학교 앞에 있는 횡단보도나 도로의 표지판에 노란색을 주로 사용합니다. 또한, 노란색은 뇌를 자극해 집중력을 높이는 데도 도움이 됩니다.

자전거주의

❶ 노란색은 눈에 잘 띄기 때문에

VS

❷ 노란색은 차분한 느낌을 주기 때문에

사람들의 관심을 받고 싶니?
그렇다면 노란색 옷을 입어 봐!

길을 가다 보면 노란색 표지판을 쉽게 찾을 수 있을 거야. 노란색이 잘 보이기 때문이지. 비 오는 날에 노란색 비옷을 입는 것도 같은 이유에서야!

도전 204일 차

7월 23일

엘리베이터 안전 수칙을 읽고 알맞게 행동한 친구를 고르세요.

엘리베이터 안전 수칙

1. 엘리베이터 안에서 뛰지 마십시오.
2. 출입문에 기대거나 충격을 주지 마십시오.
3. 엘리베이터 문틈에 이물질을 버리면 고장의 원인이 됩니다.
4. 어린이와 노약자는 보호자와 함께 이용하시기를 바랍니다.
5. 화재 발생 시 엘리베이터에 탑승하지 말고 비상계단을 이용하십시오.

고장이나 불편한 점은 1층으로 연락 주세요.
24시간 대기하고 있습니다.

❶ 엘리베이터가 고장 나면 오후 6시까지만 신고할 수 있다.

❷ 엘리베이터에 탔을 때 출입문에 기대면 안 된다.

문해력은 나의 안전을 지켜 줘.

엘리베이터는 복잡한 기계 장치라서 이용 수칙을 잘 지켜야 해. 엘리베이터 안에서 뛰면 작동하지 않고 멈출 수 있어. 엘리베이터 문을 함부로 여는 것도, 기대는 것도 위험해. 안전 수칙 마지막 줄을 보니 엘리베이터가 고장 나도 24시간 신고할 수 있네.

정답 ❷

빈칸에 들어갈 알맞은 단어를 고르세요.

비가 많이 내려 산사태가 □ 했다.

❶ 발전 VS ❷ 발생

여름에 비가 많이 내릴 때는
산사태를 조심하자!

'발생'은 어떤 일이나 사물이 생기는 거지.
'발전'은 더 낫고 좋은 상태나 더 높은 단계로 나아가는 것을 말해.
그러니까 빈칸에는 '발생'이 들어가는 게 맞아.
산사태가 '발전'하면 안 되겠지?

❷ 정답

7월 25일

글의 제목으로 알맞은 것을 고르세요.

올림픽은 스포츠를 통해 세계가 하나 되는 중요한 행사입니다. 올림픽은 기원전 776년에 그리스의 올림피아라는 도시에서 처음 열렸습니다. 이 대회는 그리스 신화에 나오는 최고의 신, 제우스를 기리기 위해 시작되었습니다. 많은 사람이 참가해서 달리기, 레슬링, 원반던지기 등 다양한 운동 경기를 했습니다. 지금의 올림픽은 1896년에 프랑스의 피에르 드 쿠베르탱 남작에 의해 부활했습니다. 지금은 여름과 겨울에 4년마다 번갈아 열리며, 전 세계의 많은 나라가 참가하고 있습니다.

 ❶ 올림픽의 기원 VS  ❷ 올림픽이 사라지게 된 이유

제목을 잘 읽으면 글의 내용을 짐작할 수 있어.

'싱싱한 채소 가게'라는 간판을 보면 무엇을 짐작할 수 있을까? 싱싱한 채소를 판다는 걸 알 수 있을 거야. 그래서 글의 제목을 잘 읽어야 해. 글의 제목을 읽고 이어질 내용을 예측해 봐. 그러면 읽기의 재미를 느낄 수 있어.

7월 26일

다음 상황에 어울리는 사자성어를 고르세요.

① 박장대소 VS ② 구사일생

먼말이, 먼술이가
아주 배꼽이 빠지게 웃는군.

박장대소할 만큼 웃기지? '박장대소'란 손뼉을 치며 크게 웃는 웃음을 말해. '구사일생'은 죽을 고비를 여러 차례 넘기고 겨우 살아남음을 이르는 말이야. 참고로 '우왕좌왕'은 방향을 정하지 못하고 이쪽저쪽으로 왔다 갔다 하는거야.
어때, 나의 개그 실력!

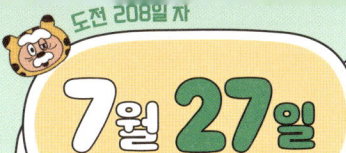

글을 읽고 알맞게 행동한 것을 고르세요.

태풍은 매우 강한 바람과 비를 동반하는 큰 폭풍입니다. 태풍이 오면 바람이 세게 불고 비가 많이 내립니다. 그래서 나무가 쓰러지거나 건물이 손상될 수 있습니다. 태풍이 오기 전에는 창문을 단단히 닫고, 밖에 나가지 않는 것이 중요합니다. 태풍이 오면 안전을 위해 뉴스나 기상 정보를 수시로 확인해야 합니다.

❶ 나무 밑으로 어서 피하자!

태풍이 와서 나무 밑으로 피했다.

❷ 창문을 꽉 닫자!

태풍이 와서 창문을 단단히 닫았다.

태풍에 대비하려면 안내문, 뉴스, 기상 정보를 잘 확인하자.

태풍으로 바람이 불고 비가 많이 내리면 나무가 쓰러질 수 있으므로 ❶처럼 나무 밑으로 피하면 위험할 수 있어. 그런데 태풍에도 눈이 있다는걸 아니? 태풍의 중심을 '태풍의 눈'이라고 해. 그러니까 태풍의 눈을 잘 보면 태풍이 어디로 이동하는지 알 수 있어.

7월 28일

가로세로 어휘 퍼즐을 완성해 보세요.

가로 열쇠
① 할 수 없거나 될 수 없음. '가능'의 반대.
② 집이나 회사 등에서 벗어나 잠시 밖으로 나감.
③ 올림픽을 가장 먼저 시작한 나라.
④ 국가 통치 체제의 기초에 관한 국가 최고의 법규.

세로 열쇠
❶ 이미 지불한 돈을 되돌려줌.
❷ 쓰레기 따위를 종류별로 나누어서 버림.
❸ 새로운 소식을 전하여 주는 방송의 프로그램.

※맨 뒤에서 정답을 확인해 보세요.

도전 210일 차
7월 29일

글을 읽고 인도에서 왼손, 오른손이 각각 의미하는 것에 알맞게 선을 이으세요.

인도에서는 오른손을 사용해서 밥을 먹어요. 위생과 관련된 이유로 왼손 대신 오른손을 사용해요. 왼손은 화장실에서 볼일을 보고 닦을 때 사용하기 때문에 식사할 때는 오른손만 사용하는 거지요. 손으로 밥을 먹으면 음식의 온도와 질감을 더 잘 느낄 수 있고, 손으로 음식을 나누어 먹으면서 가족이나 친구들과 따뜻한 정을 나눌 수 있대요.

❶ 왼손   위생적

❷ 오른손   비위생적

인도 사람들이 손으로 음식을 먹는 이유는 문화가 다르기 때문이야.

인도 사람들은 생명을 존중하고, 자연스러운 방식으로 삶을 사는 것을 강조해. 그래서 식사 시간에도 깨끗이 씻은 손으로 직접 밥을 먹어. 생각해 보니 우리도 쌈을 싸 먹을 때 손을 쓰네?

도전 211일 차

7월 30일

글을 읽고 알맞게 이해한 친구를 고르세요.

여름철의 몹시 더운 기간을 '삼복더위'라고 한다. '삼복'에서 '복(伏)'은 엎드린다는 뜻의 한자로, '여름의 불기운에 가을의 찬 기운이 굴복 한다.'와 '더위를 정복한다.'는 뜻이 들어 있다. 삼복은 음력 6월에서 7월에 있는 시기로 초복, 중복, 말복을 모두 가리킨다. 24절기에 해당하지는 않지만 사람들이 가장 잘 챙기는 날 중 하나이다. 삼복에는 더위를 식혀 주고 체력을 보충해 줄 수 있는 영양가 있는 음식을 챙겨 먹는다.

❶ 초복, 중복, 말복은 24절기 중에서 가장 더운 절기이다.

❷ 삼복에 영양가 있는 음식을 먹는 건 더위를 건강하게 이겨 내기 위해서이다.

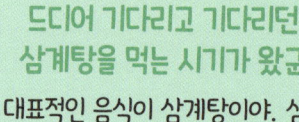

드디어 기다리고 기다리던 삼계탕을 먹는 시기가 왔군.

삼복에 먹는 대표적인 음식이 삼계탕이야. 삼계탕은 닭 속에 찹쌀, 밤, 은행 등을 넣어 만들어. 삼계탕에 들어가는 쌉싸름한 인삼은 영양을 도와 몸을 튼튼하게 한다고 해. 불타는 여름에도 끄떡없겠는걸?

도전 212일차

7월 31일

체크리스트를 확인해 보며 나의 동영상 시청 습관을 점검해 보세요.

메타인지

체크리스트

	예	아니요
❶ TV 또는 스마트폰을 얼마나 보나요?	☐ 시간	
❷ TV 또는 스마트폰을 안 보면 불안한가요?	☐	☐
❸ 밥을 먹을 때도 TV 또는 스마트폰을 보나요?	☐	☐
❹ 외출하지 않으면 하루 종일 TV 또는 스마트폰만 보나요?	☐	☐
❺ TV 또는 스마트폰에 집중하느라 가족, 친구가 불러도 대답을 하지 않은 적이 있나요?	☐	☐
❻ TV 또는 스마트폰을 오래 본다고 부모님, 선생님께 혼난 적이 있나요?	☐	☐
❼ TV 또는 스마트폰을 밤새 보느라 다음 날 지각하거나 컨디션이 안 좋았던 적이 있나요?	☐	☐

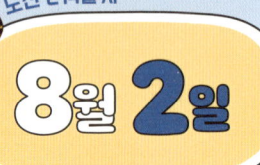

글을 읽고 알맞게 이해한 친구를 고르세요.

더운 날씨로 모기 사라져

날씨가 점점 더워지면서 모기가 사라지고 있다. 전문가들은 이상 기온으로 인해 모기의 개체 수가 줄어들고 있다고 말한다. 모기는 따뜻한 날씨를 좋아하지만 너무 더우면 살기 힘들어진다. 특히 30도가 넘는 더운 날씨가 이어지면 모기의 알이 잘 부화하지 않는다. 모기는 질병을 옮기기도 해서 모기가 줄어드는 것은 사람들에게 좋은 소식이지만, 모기가 줄어들면서 생태계에도 영향을 줄 수 있다.

❶ 모기의 알이 부화하는 것은 기온과 상관이 없다.

❷ 모기 개체 수가 줄어들면 생태계에 영향을 끼칠 수 있다.

모기가 사라진다고? 과연 좋은 소식일까?
날씨가 많이 더워서인지 모기가 안 보이는 것 같아.
물리기만 하면 간지럽고 고통스럽잖아?
하지만 모기가 사라지면 새와 물고기의 먹이가 부족해져
생태계가 큰 혼란에 빠질 수 있어.

도전 215일 차
8월 3일

다음 관용어의 뜻으로 알맞은 것을 고르세요.

입이 무겁다

입 꾸욱!

있잖아, 강쥐야. 글쎄 먼말이랑 먼솔이가….

속닥속닥

 ❶ 말이 없고 비밀을 잘 지킨다.

VS

 ❷ 말이 많고 비밀을 잘 지키지 않는다.

나는 입이 무거운 사람일까, 가벼운 사람일까?

'입이 무겁다'는 남에게 말을 함부로 하지 않으며 비밀을 잘 지키는 것을 말해. 반대로 '입이 가볍다'는 남의 이야기나 비밀스러운 이야기를 다른 사람에게 잘 옮기는 걸 말하지. 입이 무거운 친구를 사귀면 속마음을 마음껏 나눌 수 있어.

❶ 답장

도전 216일 차

8월 4일

물놀이 안전 수칙 안내문을 읽고 알맞게 행동한 친구를 고르세요.

물놀이 안전 수칙

1. 물에 들어가기 전에 충분한 준비 운동을 합니다.
2. 식사를 한 후에 바로 물놀이를 하지 않습니다.
3. 구명조끼를 반드시 착용합니다.
4. 물놀이를 하는 중간에 반드시 휴식 시간을 갖습니다.
5. 깊은 곳에 들어가지 않습니다.

 ❶ 물놀이 전에 10분 동안 준비 운동을 했어. ❷ 밥 먹고 소화시키려고 바로 물놀이를 했어.

와, 여름이야! 물놀이하러 가자!

물놀이하고 싶다고 바로 물에 들어가면 심장이 놀랄 수도 있어. 반드시 준비 운동을 꼭 하고 들어가자! 음식을 먹은 뒤에는 꼭 소화를 시키고 들어가야 해. ❷처럼 행동하면 안 돼. 물놀이하러 갈 생각에 벌써부터 신나는걸? 나의 뛰어난 수영 실력을 보여 주지.

❶ 정답

도전 217일 차
8월 5일

사다리를 타고 내려가 뜻이 비슷한 단어를 알아보세요.

맵다	시다	짜다	달다	싱겁다
짭짤하다	매콤하다	밍밍하다	시큼하다	달콤하다

이해력 + 표현력 = 문해력!

문해력의 기본 재료는 어휘야.
단맛을 나타내는 단어를 더 알아볼까?

- 달곰하다 뜻 감칠맛이 있게 달다.
- 달큼하다 뜻 감칠맛이 있게 꽤 달다.
- 달짝지근하다 뜻 약간 달콤한 맛이 있다.

※ 맨 뒤에서 정답을 확인해 보세요.

8월 6일

글을 읽고 알맞게 이해한 친구를 고르세요.

고려 말, 원의 간섭과 왜구의 침략으로 나라 상황이 무척 혼란스러웠어요. 그때 새로운 정치 세력인 '신진 사대부'가 등장했어요. 신진 사대부는 도덕과 예의를 강조하는 성리학을 공부하고 과거를 통해 관리가 되었어요. 신진 사대부는 원의 세력을 등에 업고 권력을 독점한 권문세족과 부패한 불교를 비판하며, 공민왕의 개혁 정치를 지지했어요.

권문세족   신진 사대부

 ❶ 신진 사대부가 나라를 세운다면 불교가 아닌 성리학을 내세울 것이다.

 ❷ 권문세족은 원의 간섭에서 벗어나고자 공민왕의 개혁 정치를 지지했다.

역사를 이해하려면 개념이 담긴 역사 용어를 알아야 해.

'신진 사대부', '성리학'은 고려 말 역사를 이해할 때 꼭 알아야 하는 역사 용어야. 잘 모르거나 새로운 용어가 나타나면 물러서지 말고 적극적으로 무슨 뜻인지 알아보자.

❶ 정답

도전 219일 차

8월 7일

안전 안내 문자를 보고 내용에 알맞으면 O, 알맞지 않으면 X 하세요.

> 안전 안내 문자 오전 10:45
> 8.7 경기도 폭염 경보 지속 발령 중! 가급적 야외 활동 및 농사일 자제, 물놀이 안전 주의 등 건강에 유의하세요.
> [경기도청]
>
> 안전 안내 문자 1일 전
> 8.6 현재 폭염 경보 발령 중! 농사일 및 야외 활동 자제, 충분한 물 마시기, 주변 노약자 돌보기 등 안전사고 유의
> [행정안전부]

❶ 8월 6일, 7일 이틀 연속 폭염 경보가 발령되었다. ( )
❷ 안전 안내 문자는 이틀 연속 행정안전부에서 보냈다. ( )
❸ 안전 안내 문자를 받은 사람은 부산광역시에 거주한다. ( )

날씨가 너무 더워서 정부가 국민의 안전을 위해 안내 문자를 보냈어.

다양한 정부 기관은 국민과 시민의 안전을 위해 중요한 정보를 문자로 안내해. 안전 안내 문자는 6일에는 행정안전부에서, 7일에는 경기도청에서 보냈어. 그리고 안전 안내 문자를 받은 사람은 경기도에 거주해.

정답 ❶ O ❷ X ❸ X

8월 9일

글을 읽고 알맞게 이해한 친구를 고르세요.

'가짜 뉴스'는 사실이 아닌 정보를 마치 진짜 뉴스처럼 퍼뜨리는 것을 말합니다. 가짜 뉴스는 사람들이 잘못된 정보를 믿게 만들어 혼란을 일으킬 수 있습니다. 예를 들어, 유명한 사람이 말하지 않은 말을 했다고 가짜 뉴스를 만들어 퍼뜨리면 많은 사람이 그 말을 믿게 됩니다. 가짜 뉴스는 인터넷과 소셜 미디어를 통해 빠르게 퍼지기 때문에 뉴스를 읽을 때는 항상 출처를 확인하고, 여러 곳에서 같은 내용을 확인하는 것이 중요합니다.

❶ 뉴스는 언제나 사실만을 제공하기 때문에 믿어도 된다.

❷ 가짜 뉴스는 혼란을 일으킬 수 있으므로 출처를 확인한다.

요즘 SNS에서 진짜와 가짜를 구별하지 못해서 피해를 입는 일이 많아.
인터넷에서 유명한 사람이 말했다고 해도 그대로 믿어서는 안 돼. 뉴스가 옳은지 그른지 판단하고, 잘못된 점을 찾아 지적하며 비판적으로 읽어야 해. 출처가 있다고 무조건 믿어서는 안 돼. 출처가 가짜인 경우도 많거든.
가짜에 속지 않는 문해력을 키우자!

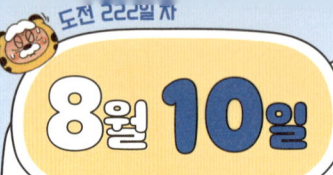

도전 222일 차

8월 10일

다음 상황에 어울리는 사자성어를 고르세요.

어휘지식

❶ 역지사지

VS

❷ 근묵자흑

열린 마음으로 입장 바꿔 생각해 봐.

'역지사지'는 처지를 바꾸어서 생각해 본다는 말이야.
여우가 두루미를 초대했을 때 두루미의 입장에서 생각하고
음식을 준비했다면 어땠을까? 두루미가 여우를 위해
더 맛있는 음식을 준비했을 수도 있을 텐데 말이지.
'근묵자흑'은 먹을 가까이하면 검어진다는 뜻으로,
나쁜 사람과 사귀면 비슷해지기 쉽다는 말이야.

도전 223일 차

8월 11일

교통 약자석 안내문과 설명하는 글을 읽고 알맞게 행동한 친구를 고르세요.

활용 적용

장애인·노약자·임산부·영유아 동반 고객을 위한 좌석입니다.

교통 약자석은 장애인, 고령자, 임산부, 영유아 동반자, 만 12세 이하 어린이, 환자와 부상자 등 이동에 불편을 느끼는 사람을 위한 자리입니다.

 ❶ 교통 약자석 자리를 비워 둔다.

VS

❷ 교통 약자석에 앉아 친구와 수다를 떤다.

나, 너, 우리 모두가 함께 잘 살기 위해 '실천하는 문해력'이 필요해.

교통 약자석을 만든 이유가 뭘까? 우리 사회에 도움이나 보살핌이 필요한 사람이 있기 때문이야. 누군가를 도와주고 보살피는 게 바로 '배려'야. 누구나 어린 시절을 보내고, 누구나 나이가 들어. 그러니까 우리 모두 배려를 실천하자!

정답: ❶

8월 12일

보기 를 보고 빈칸에 들어갈 알맞은 단어를 쓰고, 단어의 뜻을 알아보세요.

보기

제- 어떤 낱말 앞에 붙어서 '덜다', '제거하다'의 뜻을 더한다.

초기	습기	설차
초 기	습 기	설 차
잡초를 제거하는 기계.	습기를 제거하는 기계.	눈을 제거하는 차량.

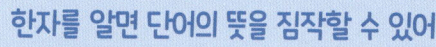

한자를 알면 단어의 뜻을 짐작할 수 있어.
'제(除)'의 뜻은 아주 많아. 그중에 '덜다, 제거하다', '쓸어서 깨끗이 하다, 몰아내다, 내쫓다'라는 뜻이 있지.

정답 제초기, 제습기, 제설차

도전 225일 차
8월 13일

글을 읽고 알맞게 이해한 친구를 고르세요.

　우주 정거장은 우주에서 사람들이 살고 일할 수 있는 특별한 장소예요. 우주 정거장은 1998년부터 미국, 러시아, 유럽 연합, 일본, 캐나다, 브라질 등이 참여하여 건설했어요. 우주 정거장은 지구에서 멀리 떨어진 우주에 떠 있는 큰 집 같아요. 우주 정거장은 지구를 도는데, 그 안에서 인류에 대한 과학 실험을 하고, 우주의 비밀을 연구해요. 우리는 우주 정거장을 통해 우주에 대해 더 많이 알게 되고, 미래에는 우주를 탐험할 수 있게 될 거예요.

❶ 우주 정거장에서 인류와 우주에 관해 연구한다.

❷ 우주 정거장은 멈춰 있는 상태에서 지구를 관측한다.

우리는 언제 우주여행을 할 수 있을까?
우주 정거장에서 우주에 대한 많은 연구가 진행된다면
우리도 언젠가는 우주를 여행할 수 있겠지?
우주 정거장은 멈춰 있지 않고
지구를 돌면서 우주에 관해 연구해.

❶ 정답

8월 14일

글을 읽고 내용에 알맞으면 O, 알맞지 않으면 X 하세요.

가전제품에 부착된 에너지 소비 효율 등급 라벨을 본 적이 있나요? 라벨에 표기된 등급 숫자가 낮을수록 에너지 효율이 높아요. 같은 에너지로 더 오래 작동할 수 있다는 것이지요. 그래서 에너지 소비 효율 등급이 1등급일 경우에는 2, 3, 4, 5등급에 비해 에너지를 절약할 수 있어요. 1등급 제품은 5등급 제품에 비해 에너지가 30~40% 절약된다고 해요.

❶ 이 라벨은 에어컨, 냉장고 등에서 볼 수 있다. ( )
❷ 1등급에 가까울수록 에너지를 절약할 수 있다. ( )
❸ 1등급 제품보다 5등급 제품의 에너지 비용이 적게 든다. ( )

에너지 비용을 줄이기 위해 노력해야 하는 이유를 알고 있지?

바로 지구를 위해서! 그리고 우리를 위해서! 전기 에너지를 만드는 데 이산화 탄소가 많이 생겨. 이산화 탄소가 많아지면 지구의 기온이 높아지게 되지. 에너지를 절약하면 그만큼 지구 환경이 나빠지는 것을 늦출 수 있어.

8월 15일

글을 읽고 '광복'이 무엇을 뜻하는지 찾아 쓰세요.

우리나라는 1910년 일본에 의해 국권을 빼앗긴 뒤, 35년 동안 일제 강점기를 보냈어요. 일제 강점기는 제2차 세계 대전에서 일본이 연합국에 항복을 선언한 1945년 8월 15일에 끝이 났어요. 대한민국 임시 정부를 비롯한 수많은 독립투사의 노력으로 연합국은 우리나라의 독립을 약속했고, 마침내 암흑의 시기를 벗어나 빛을 되찾을 수 있었어요. 그래서 우리나라가 일제 강점기에서 독립한 이날을 '빛을 되찾다', '빼앗긴 주권을 도로 찾다'라는 의미로 '광복절'이라고 불러요.

| 단어 | 광복 | → | 뜻 | 1. 빛을 되찾음.
2. _____ |

문해력은 우리의 소중한 빛을 지키는 데 필요한 힘이야.

앞으로 세상에 대한 정보를 더 많이 접하게 될 거야. 그래서 세상에서 일어나는 일에 대해서도 잘 판단하고, 문제점은 무엇인지, 해결책이 무엇인지 진지하게 생각해야 해.

글을 읽고 알맞게 이해한 친구를 고르세요.

눈은 우리 몸에서 매우 중요한 역할을 하기 때문에 평소에 눈 건강을 지키기 위해 꾸준히 노력해야 합니다. 그러려면 첫째, 컴퓨터나 휴대 전화 화면을 너무 가까이서 보지 않도록 합니다. 둘째, 책을 읽을 때는 너무 밝은 곳에서 읽지 않습니다. 셋째, 하루에 30분 이상 야외에서 놀며 햇빛을 쬐도록 합니다. 넷째, 눈을 자주 비비지 않습니다. 마지막으로 건강한 음식을 먹고 잠을 충분히 잡니다. 이렇게 하면 눈을 오랫동안 건강하게 유지할 수 있습니다.

 ❶ 눈을 건강하게 지키는 방법을 제시했어.

 ❷ 눈이 아프면 좋지 않은 점에 대해서 설명했어.

평소에 눈 건강을 어떻게 지킬 수 있는지 알려 주는 글이야!
평소에 눈을 건강하게 지키는 방법이나 주의할 점을 알려 주고 있어. 눈이 아프면 좋지 않은 점에 대한 정보는 이 글에서 알 수 없으므로 ❶이 정답이야.

도전 229일 차
8월 17일

다음 속담의 뜻으로 알맞은 것을 고르세요.

세 살 적 버릇이 여든까지 간다

❶ 어릴 때부터 나쁜 버릇이 들지 않도록 조심해야 한다.

VS

❷ 한곳에서 오랫동안 같은 일을 보고 들으면 어느새 따라 배운다.

우리 친구들도 어렸을 적 버릇이 있니?

이 속담은 어릴 때부터 나쁜 습관이 들지 않도록 조심하라는 뜻이야. 나쁜 버릇이 몸에 배면 나이가 들어도 고치기 어렵거든. 이렇게 속담은 생활 속 경험에 빗대어 더 구체적으로 의미를 전달해.
내 버릇이 들통나다니 이것 참 부끄러운걸.

정답 ❶

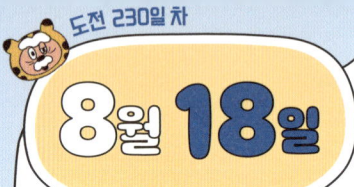

도전 230일 차

8월 18일

약 봉투를 읽고 알맞게 이해한 친구를 고르세요.

활용적용

조고수 **님**
(? 세) (남)·여

용 법

1일　　　2회　　　3일분

■ 아침·점심·저녁·취침전　　매　　시간 마다
■ 식전·식후　　분　　시간·식후·즉시 복용
■ 1회　　포(정)씩, 물약은　　cc씩 복용

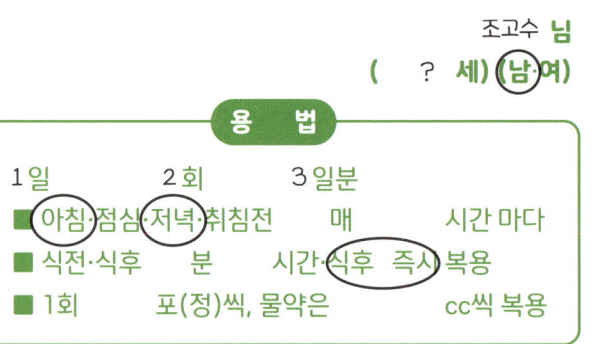

❶ 매일 잠들기 30분 전에 복용한다.

VS

❷ 아침, 저녁마다 식후에 바로 복용한다.

약을 먹기 전에 약 봉투를 꼼꼼히 보자.

약 봉투에는 약을 올바르게 먹는 지시 사항이 기록되어 있거든.
약 봉투를 보니 아침, 저녁마다 식후 즉시 복용해야 되네.
그래서 ❷가 정답이야. 콜록콜록 약 먹기 싫은데…!
그래도 약 잘 챙겨 먹어야 빨리 낫겠지?

도전 232일차

8월 20일

글을 읽고 알맞게 이해한 것을 고르세요.

통합 해석

지구에 있는 물은 대부분이 마실 수 없는 바닷물입니다. 우리가 실제로 마실 수 있는 물은 전체 물 중 0.0075%로 극히 일부에 불과합니다. 지구촌의 82억 인구가 사용하기엔 턱없이 부족한 양입니다. 하지만 물 사용량은 전 세계적으로 급증하고 있으며, 산업 활동이 늘어나면서 물 오염도 심각해지고 있어 사용할 수 있는 물은 점점 줄어들고 있습니다.

 ❶ 물 부족에 대한 심각성을 강조하고 있다.

 ❷ 물을 아끼는 방법에 대해 설명하고 있다.

우리가 사용할 수 있는 물이 부족해지는 문제를 다룬 글이야.

이 글을 통해 지구에 물은 많지만 사람이 사용할 수 있는 물은 점점 줄어들고 있다는 사실을 알 수 있어. 물을 아껴 쓰고 오염되지 않도록 노력하자. 이 글에서는 물을 아끼는 구체적인 방법은 알 수 없어.

정답 ❶

8월 21일

글을 읽고 내용에 알맞으면 O, 알맞지 않으면 X 하세요.

시각 장애인 안내견은 시각 장애인이 안전하게 다닐 수 있도록 돕는 개예요. 이 개들은 특별한 훈련을 받아서 시각 장애인의 눈 역할을 해요. 안내견은 시각 장애인이 길을 안전하게 건널 수 있게 하고, 장애물을 피하도록 이끌어요. 시각 장애인이 독립적으로 생활할 수 있게 돕는 것이지요. 무엇보다 안내견은 시각 장애인의 친구가 되어 주기 때문에 심리적으로도 큰 위로가 돼요.

❶ 외출 시 안내견을 돌봐야 하므로 시각 장애인이 힘들다. ……… (   )
❷ 안내견은 시각 장애인이 외출할 때 길을 안내하는 역할을 한다. (   )
❸ 안내견은 시각 장애인의 친구로, 심리적 안정을 주는 역할을 한다. (   )

시각 장애인 안내견의 역할에 대하여 알려 주는 글이야.

시각 장애인 안내견의 역할이 이렇게나 많았다니! 시각 장애인 안내견을 만났을 때는 말을 걸거나 쓰다듬으면 안 돼. 안내견에게 혼란을 줄 수 있기 때문이야.

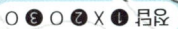

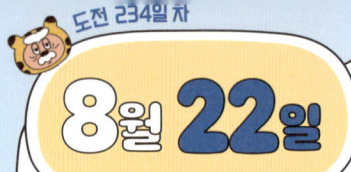

빈칸에 들어갈 알맞은 단어를 고르세요.

"☐ 불허" 기후 위기

기후 위기로 인하여 바로 다음 날의 일기 예보도 틀리는 경우가 많아지고 있다. 기상청의 슈퍼컴퓨터는 현재의 기상 사진과 과거 날씨 자료, 연구 결과를 바탕으로 날씨를 예상한다. 하지만 기후 위기로 기후가 기상청의 자료대로 짐작되지 않는 일이 많아졌다.

 ❶ 예측 VS ❷ 관측

지구 온난화로 인한 기후 위기 때문에
날씨를 예상하기 어려워졌어.

글 속에서 '예상'이라는 어휘를 발견했다면 쉽게 정답을 맞힐 수 있었을 거야! '관측'은 예상하는 것이 아니라 실제로 관찰하고 측정한다는 뜻이야.

8월 23일

글을 읽고 알맞게 이해한 친구를 고르세요.

'처서'는 24절기 중 하나로, 여름이 지나고 더위가 한풀 꺾이는 시기를 말합니다. 보통 음력 7월 중순경으로, 8월 23일이나 24일 쯤에 해당합니다. 이때부터 아침저녁으로 서늘한 바람이 불기 시작합니다. '처서'에는 '더위가 가시다.'는 뜻이 있습니다. '처서가 지나면 모기 입이 삐뚤어진다.'라는 말이 있는데, 처서 무렵이 되면 더위가 가고 가을이 찾아와 극성이던 모기가 물러간다는 뜻입니다.

 ❶ 처서에는 낮에도 찬 바람이 불기 시작하는군.

VS

 ❷ 처서가 지나면 날씨가 선선해져서 모기가 활동하기 어렵겠군.

어때, 아침저녁으로 선선한 바람이 부는 것 같지 않니?

처서 때의 날씨와 처서의 뜻, 그리고 관련된 말을 알 수 있는 글이야. 처서에는 아침저녁에 서늘한 바람이 불기 시작한다고 했으므로 ❶의 설명은 알맞지 않아. 점점 문해력을 수련하기 좋은 날씨가 다가오고 있군!

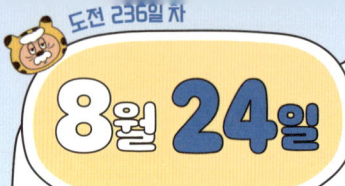

8월 24일

다음 관용어의 뜻으로 알맞은 것을 고르세요.

허리띠를 졸라매다

① 검소한 생활을 하다.

VS

② 다이어트를 하다.

옛날 조상들은 생활에 여유가 없어서 굶는 일이 허다했대! 그럴 때마다 허리띠를 졸라매어 배고픔을 조금이라도 견뎠지. 그래서 이 관용어는 검소한 생활을 한다는 뜻이야. 마음먹은 일을 이루려고 새로운 결의나 단단한 각오로 일에 임한다는 뜻도 있어.

❶ 정답

도전 237일 차

8월 25일

글을 읽고 조건 반사에 해당하는 사례로 알맞은 것을 고르세요.

과학자 파블로프는 개에게 먹이를 줄 때마다 종을 울렸어요. 처음에는 개가 먹이를 보고 침을 흘렸지만, 나중에는 먹이 없이 종소리만 들어도 침을 흘리기 시작했어요. 이 실험을 통해 파블로프는 '조건 반사'라는 개념을 발견했어요. 조건 반사는 어떤 소리나 행동을 반복하면 그 소리나 행동에 반응하는 것을 말해요.

❶
수업이 끝났네!

❷
열심히 운동하자!

소리를 듣고 행동한 것을 찾아봐!
종이 울려서(소리) 수업이 끝났다고 신나 한(반응)
❶이 정답이야. 오늘 배운 조건 반사 개념을
문해력 수련에 적용해 볼까?
매일 눈을 뜨자마자 문해력 일력을 넘겨
나를 만나러 오는 거지!

8월 26일

가로세로 어휘 퍼즐을 완성하세요.

가로 열쇠
① 8월 15일로 우리나라의 광복을 기념하기 위하여 제정한 국경일.
② 지하 철도 위를 달리는 전동차.
③ 나라의 독립을 이룩하기 위한 뜻을 품고 싸우는 지사.

세로 열쇠
❶ '빛을 되찾다'는 뜻으로 빼앗긴 주권을 도로 찾은 것을 의미함.
❷ '처지를 바꾸어 생각하여 봄.'이라는 뜻의 사자성어.
❸ 고려 후기에 등장한 세력으로 성리학의 이념을 공부함.

※맨 뒤에서 정답을 확인해 보세요.

도전 239일 차

8월 27일

인터넷 게시판 글을 보고 질문한 내용으로 알맞은 것을 고르세요.

Q

 A 비공개 답변
고수

거북이는 물 온도가 갑자기 변하는 것을 힘들어합니다. 일주일에 1~2회 30%의 물을 가라앉은 먹이, 배변과 함께 빼 주세요. 그다음 전날 받아 놓은 물을 기존 수조의 물 온도에 맞추어 천천히 넣어 주세요.

 ❶ 물은 어떻게 갈아 주나요?   VS   ❷ 거북이가 며칠째 밥을 안 먹어요.

답변의 내용을 잘 살펴볼까?

거북이 수조의 물을 갈아 주는 내용의 답변으로 보아
질문은 당연히 물 갈아 주는 방법을 물어봤겠지?
글의 내용을 이해한 것을 바탕으로
질문을 추론하는 능력을 길러 보자.

❶ 정답

도전 240일 차

8월 28일

분식집 메뉴판을 읽고 내용에 알맞으면 O, 알맞지 않으면 X 하세요.

맛있는 분식

인기
떡볶이
4,000원

김밥
3,500원

튀김
6,000원

❶ 이 분식집에서 가장 비싼 메뉴는 튀김이다. ( )

❷ 이 분식집에서 가장 인기 있는 음식은 떡볶이다. ( )

❸ 떡볶이, 김밥을 함께 시키려면 7,000원이 필요하다. ( )

음식 메뉴와 가격도 잘 읽어야 잘 고르지. 후후!

문해력을 키워야 식당에서 메뉴판을 보고 스스로 주문할 수 있어. 여기서 떡볶이와 김밥을 함께 시키려면 7,000원이 아니라 7,500원이 필요해.

정답 ❶ O ❷ O ❸ X

글을 읽고 알맞게 이해한 친구를 고르세요.

저는 어린 나이에 화장을 하면 좋지 않다고 생각해요. 그 이유는 첫째, 화장은 우리 피부에 나쁜 영향을 줄 수 있어요. 우리의 피부는 아직 약하고 예민하기 때문이에요. 둘째, 화장을 하면 우리의 자연스러운 모습을 잃을 수 있어요. 우리는 지금 있는 그대로의 모습이 가장 예쁘고 소중해요. 마지막으로, 화장을 하고 멋을 부리기보다는 친구들과 놀고, 공부하는 데 집중하는 게 더 좋아요. 화장은 나중에 커서 해도 늦지 않으니까 건강한 피부와 자연스러운 모습을 지켜요!

❶ 화장을 하면 좋지 않다는 근거를 들며 주장했어.

❷ 화장을 하면 좋은 점과 나쁜 점을 비교하여 설명했어.

문해력은 글쓴이의 주장을 합리적으로 분석하고 판단하는 능력이야.

이 글은 어린 나이에 화장하는 것을 반대하고 있어. 그렇다면 찬성 쪽의 주장도 한번 살펴볼까? "어린 나이라고 무조건 화장을 금지하는 것보다는 개성의 표현이므로 인정해야 한다."야. 친구들의 생각은 어때?

도전 243일 차

8월 31일

체크리스트를 확인해 보며 나의 온라인 생활 습관을 점검해 보세요.

체크리스트

	예	아니요
① 개인 정보를 공개하지 않았나요?	☐	☐
② 광고·홍보성 정보를 공유하지 않았나요?	☐	☐
③ 근거 없는 비판과 비난을 하지 않았나요?	☐	☐
④ 확인되지 않은 정보를 공유하지 않았나요?	☐	☐
⑤ 불쾌감을 줄 수 있는 언어 표현을 하지 않았나요? (※불필요한 비속어, 줄임말 등)	☐	☐
⑥ 상대방을 존중하며 예의를 갖춰 대화를 나누었나요?	☐	☐

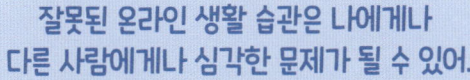

잘못된 온라인 생활 습관은 나에게나
다른 사람에게나 심각한 문제가 될 수 있어.

문해력은 온라인 의사소통에서도 필요해.
나는 온라인에서 어떻게 생활하는지 점검하고
부족한 부분을 고쳐 보자.

도전 244일 차

9월 1일

다음 관용어의 뜻으로 알맞은 것을 고르세요.

어휘지식

파김치가 되다

어휴, 힘들다. 김치 담그다 진이 다 빠졌네.

❶ 매우 지치다. VS ❷ 김장을 하다.

생활 속에서 흔히 사용하는 말을 관심 갖고 살펴보자!
'파김치가 되다'는 생생했던 파의 모습이 김치로 만들어지면 축 처지고 힘없어 보이는 데서 매우 지쳤다는 뜻으로 쓰여. 문해력 공부를 너무 열심히 했나? 파김치가 된 것 같군.

정답 ❶

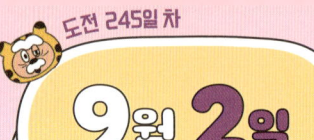

9월 2일

글을 읽고 컬래버레이션에 대한 예시로 알맞은 것을 고르세요.

컬래버레이션(Collaboration)은 일정한 목표를 달성하기 위해 둘 이상의 팀이 힘을 합쳐 일하는 것을 뜻하는 말이에요. 일반적으로 두 회사나 브랜드, 가수 등이 서로의 이미지를 합친 새로운 제품, 서비스 등을 만들어 낼 때 쓰여요. 예를 들어 유명한 캐릭터 회사와 옷 만드는 회사가 손을 잡고 특별한 캐릭터 옷을 만드는 것이지요. 이렇게 하면 두 회사 모두 더 많은 사람에게 알려질 수 있고, 더 많은 물건을 팔 수 있어요.

 ❶ 휴대폰 회사가 신기술을 개발하여 더 높은 버전의 핸드폰을 만든다.

 ❷ 패션 회사가 기술 회사와 힘을 합쳐 스마트 의류를 개발한다.

콜라보라는 말을 들어 본 적 있지?
이제 정확한 용어와 뜻을 알았지?

우리가 흔히 사용하는 많은 물건 중에도 컬래버레이션 제품이 많다는 걸 알 수 있어. 우리 주변에서 컬래버레이션 한 물건이나 서비스가 있는지 찾아볼까?

도전 246일 차

9월 3일

알맞은 단어를 따라가면서 길을 찾아가세요.

어휘지식

출발 → 희안하다 → 희한하다 → 역활 ← 역할 → 핑게 → 핑계 ← 오랜만에 → 오랫만에 → 도착

그동안 잘못 알고 있었던 단어들이 있니?

문해력은 글자를 정확하게 알고
알맞게 사용하는 것부터 시작되는 거야.
잘 기억해 두자!

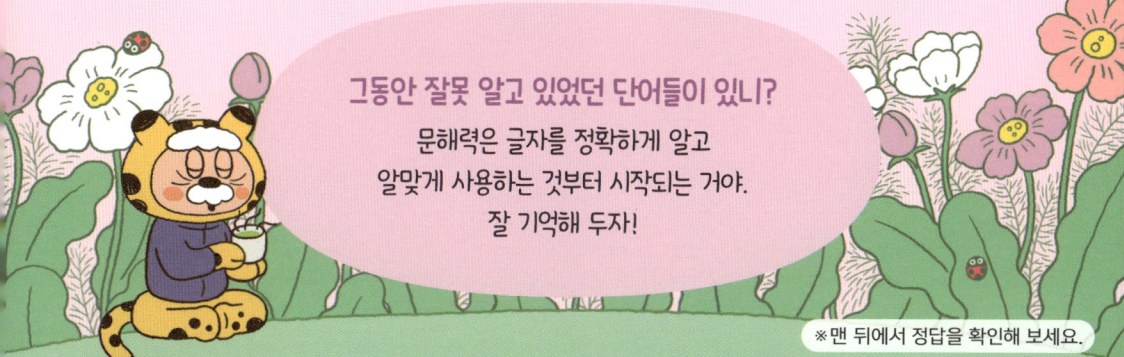

※ 맨 뒤에서 정답을 확인해 보세요.

도전 247일차

9월 4일

과학 실험 보고서를 보고 알맞게 이해한 친구를 고르세요.

과학 실험 보고서

실험 일시	202○년 9월 4일	보고자	먼말이
실험 제목	밀도 탑 만들기	실험 목적	액체의 성질 알아보기

실험 전 나의 생각	- 액체들은 무게가 다 같다고 생각한다. - 그래서 탑처럼 쌓이지 않을 것 같다.
실험 과정 및 결과	① 물, 식용유, 글리세린에 물감을 섞어 색을 만들었다. ② 섞은 액체를 다양한 순서대로 투명한 용기에 부었다. ③ 시간이 흐르면서 층이 생기고 액체가 분리되었다. ④ 글리세린 < 물 < 식용유 순서대로 쌓여 탑이 만들어졌다.

❶ 실험 결과가 실험 전 나의 생각과 똑같군.

VS

❷ 같은 액체여도 무게가 다르군.

액체는 무게가 달라서 안 섞이면 층층이 쌓여. 과학 실험 보고서를 통해 액체마다 무게가 다르다는 사실을 알 수 있어. 실험 전에는 액체의 무게가 같을 거라고 생각했는데 다른 결과를 얻었어. 그래서 ❶은 잘못된 설명이야.

도전 248일 차

9월 5일

글을 읽고 태극기의 각 요소가 무엇을 뜻하는지 빈칸에 쓰세요.

탐색확인

태극기에는 흰 바탕에 태극 무늬와 사괘가 있어요. 흰 바탕은 평화를 사랑하는 우리 민족성을 나타내요. 태극 무늬는 음(파랑)과 양(빨강)의 조화를 나타내는데, 음양의 상호 작용에 의해 우주 만물이 생성하고 발전한다는 것을 뜻해요. 네 모서리에 자리 잡은 건곤감리 사괘는 각각 하늘, 땅, 물, 불을 상징해요. 이렇게 태극기에는 창조와 번영을 끝없이 희망하는 한민족의 이상이 담겨 있어요.

사괘(건곤감리)

흰 바탕

태극 무늬

태극기를 꺼내서 각 요소를 확인해 보자!
대한민국 국민이라면 태극기의
구성 요소가 지닌 뜻을 이해하고 있어야겠지?

※ 맨 뒤에서 정답을 확인해 보세요.

9월 6일

빈칸에 들어갈 알맞은 단어를 고르세요.

색종이로 공룡을 만든 뒤 눈알을 ☐ 완성했다.

❶ 붙여 VS ❷ 부쳐

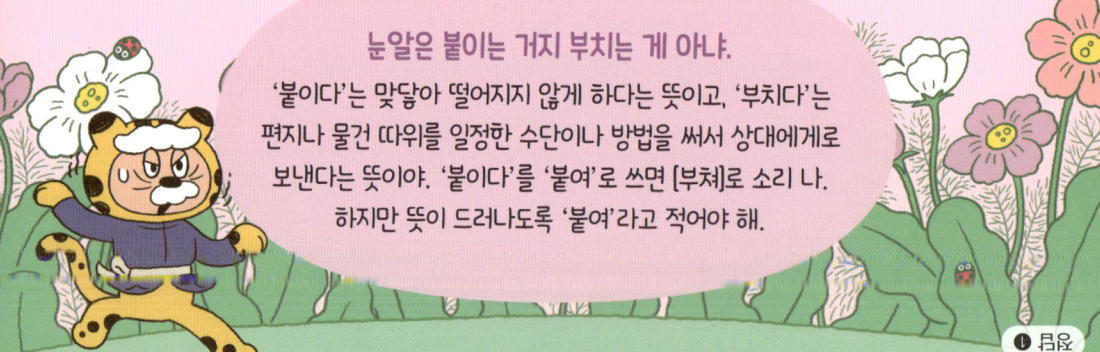

눈알은 붙이는 거지 부치는 게 아냐.
'붙이다'는 맞닿아 떨어지지 않게 하다는 뜻이고, '부치다'는 편지나 물건 따위를 일정한 수단이나 방법을 써서 상대에게로 보낸다는 뜻이야. '붙이다'를 '붙여'로 쓰면 [부쳐]로 소리 나. 하지만 뜻이 드러나도록 '붙여'라고 적어야 해.

❶ 여붙

9월 7일

글을 읽고 알맞게 분석한 친구를 고르세요.

국내 비만 인구 증가세가 예사롭지 않다. 대한 비만 학회가 최근 발간한 '2023 비만 팩트 시트'를 보면 2021년 기준으로 성인 5명 중 2명이 비만에 해당하고, 이 중 '초고도 비만' 유병률은 최근 10년 사이에 3배 가까이 증가한 것으로 집계*되었다. 건강한 삶을 바란다면 평소 식습관을 잘 관리하고, 운동을 꾸준히 하며 비만을 예방하는 것이 무엇보다 중요하다.

*집계: 따로따로 계산된 것들을 한데 모아서 계산함.

 ❶ 비만에 대한 심각성을 경고하는 신문 기사야.

VS

 ❷ 비만이 발생하는 이유에 대해서 과학적으로 설명했어.

남녀노소를 막론하고 비만이 많아지고 있대!
이 글은 비만 인구가 증가해서 건강을 잘 관리해야 한다고 주장하고 있어. 신문 기사는 사실과 의견이 섞여 있으니 잘 판단하며 읽어야 해. 기사를 볼 때 분석적으로 생각하고 읽는 능력을 길러 보자.

정답 ❶

9월 8일

빈칸에 들어갈 알맞은 단어를 골라 속담을 완성하세요.

사공이 많으면 배가 ▢ 로/으로 간다.

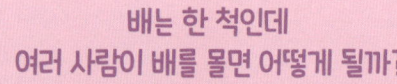

① 바다　② 계곡　③ 산

배는 한 척인데
여러 사람이 배를 몰면 어떻게 될까?

배가 원래 가려고 했던 강이나 바다가 아니라 산으로 가고 있어.
이 속담은 이끄는 사람 없이 여러 사람이 자기주장만
내세우면 일이 제대로 되기 어렵다는 것을 뜻해.

도전 252일 차

9월 9일

메모를 읽고 내용에 알맞으면 O, 알맞지 않으면 X 하세요.

> 아래층 이웃 아저씨, 아주머니, 안녕하세요?
> 저는 5층에 사는 초등학교 2학년 먼말이예요.
> 학교 운동장에서 축구를 하다가 다리를 다쳐서
> 깁스를 했어요. 집에서 쿵쾅거리는 소리를 내서
> 죄송해요. 빨리 <u>낳아서</u> 피해가 없도록 할게요.
> 감사합니다!

❶ 이 글은 4층에 사는 이웃에게 쓰는 편지다. ………… (   )
❷ 먼말이는 교실에서 뛰다가 다리를 다쳤다. ………… (   )
❸ 밑줄 친 '낳아서'는 '나아서'로 고쳐야 한다. ………… (   )

문해력은 소통의 힘이야.
메모를 쓴 먼말이처럼 아래층 이웃을 배려한다면 다툼이 줄겠지?
또 내가 이런 메모를 받는 4층 이웃이라면 어떤 답장을
적을지도 생각해 봐. 상황에 따라 적절한 말로
마음을 전하는 법을 연습해 보는 거야.

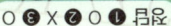
정답 ❶ O ❷ X ❸ O

도전 253일 차

문장의 구조를 알맞게 나누어 보세요.

분석평가

문장의 구조

주어 누가 / 무엇이 ✚ **서술어** 무엇이다 / 어찌하다 / 어떠하다

	주어	서술어
❶ 나는 초등학생이다.		
❷ 고양이가 낮잠을 잔다.		
❸ 아카시아 꽃이 향기롭다.		
❹ 친구들은 숨바꼭질을 했다.		

문장의 구조를 이해하면
글을 읽거나 쓸 때 도움이 돼.

우리말은 기본적으로 주어(누가 / 무엇이)와
서술어(무엇이다 / 어찌하다 / 어떠하다)의 구조로 되어 있어.
더 자세히 분석하면 주어와 서술어 사이에
목적어(무엇을)가 들어가

※ 맨 뒤에서 정답을 확인해 보세요.

도전 254일 차

9월 11일

글을 읽고 알맞게 이해한 친구를 고르세요.

활용적용

　먹이 사슬은 자연에서 생물이 서로 먹고 먹히는 관계를 말해요. 먹이 사슬의 맨 아래에는 식물처럼 스스로 양분을 만드는 생물이 있습니다. 이 생물들은 초식 동물에게 먹히며, 초식 동물은 다시 육식 동물에게 먹힙니다. 예를 들어 토끼는 풀을 먹고, 호랑이는 토끼를 먹는 식입니다. 이렇게 한 생물이 다른 생물의 먹이가 되면서 자연의 균형이 유지됩니다. 먹이 사슬은 생태계에서 매우 중요한 역할을 하며, 이 사슬이 끊기면 생태계 전체가 영향을 받게 됩니다.

 ❶ 호랑이의 수가 늘어나면 생태계가 더욱 안정된다.

 VS

❷ 토끼가 사라지면 식물 수가 늘어나 생태계가 불균형해진다.

먹이 사슬이 끊어지지 않고
계속 이어져야 생태계가 잘 유지돼.
❷는 초식 동물인 토끼와 식물의 먹이 사슬 관계가 생태계에 끼치는 영향을 잘 설명했어. 호랑이 수가 늘어나면 그 밑의 동물들이 줄어들어 생태계에 불균형이 생기게 되지.

❷ 정답

9월 12일

박물관 운영 안내문을 읽고 박물관에 방문하기에 알맞은 날짜를 고르세요.

공룡 박물관

공룡 박물관은 거대한 높이의 공룡 화석과 각종 공룡의 발자국 흔적을 한눈에 살펴볼 수 있는 박물관입니다.

운영 안내

9월 10일, 13일 휴무

9월 9일, 9월 11일, 9월 12일 정상 운영

❶ 9월 10일   ❷ 9월 11일   ❸ 9월 13일

추석 연휴에 어디를 갈 예정이니?
주말이나 공휴일에 어떤 장소를 방문하려면 휴무인지 아닌지 꼭 확인해 보자. 헛걸음하면 안 되잖아? 공룡 박물관에 방문하려면 휴무일이 아닌 정상 운영일인 9월 9일, 11일, 12일에 가야 해.

도전 256일 차

9월 13일

빈칸에 들어갈 알맞은 단어를 고르세요.

어휘지식

이번 가을 운동회에서 ☐ 우리 반이 계주 1등을 할 거야.

준비 땅!

내가 이길 거야.

아니야, 내가 이길 거야!

❶ 반드시   VS   ❷ 반듯이

'반드시'는 '틀림없이 꼭', '반듯이'는 '비뚤어지거나 기울거나 구부러지지 않고 바르게'라는 뜻이야.

이 상황에서는 틀림없이 꼭 1등을 하겠다는 의미이므로 '반드시'를 써야 해. 두 단어 중 어떤 것을 써야 할지 얼른 생각이 나지 않는다면 '반드시'는 '꼭'으로, '반듯이'는 '바르게'로 바꿔 써 봐!

❶ 정답

도전 257일 차

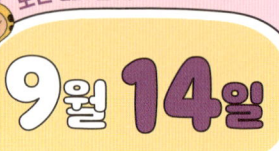

9월 14일

(가)와 (나)를 알맞게 분석한 친구를 고르세요.

분석평가

(가)	(나)
토끼가 뛰었다.	토끼가 깡충깡충 뛰었다.
토마토를 먹었다.	새콤달콤한 토마토를 먹었다.
감이 나무에 열렸다.	감이 주렁주렁 나무에 열렸다.
하늘에 무지개가 떴다.	하늘에 알록달록 무지개가 떴다.
친구가 귓속말을 했다.	친구가 속닥속닥 귓속말을 했다.

❶ (나)가 (가)에 비해 더 실감 나고 생생하게 느껴져.

❷ (가)가 (나)에 비해 더 개성적이고 독창적인 표현이야.

소리나 모양을 흉내 내는 말을
사용하면 문장이 더 생생해져.
소리를 흉내 내는 말을 의성어,
모양을 흉내 내는 말을 의태어라고 해.
의성어와 의태어를 사용하면 더욱
실감 나게 표현할 수 있어

도전 258일 차

9월 15일

글을 읽고 밑줄 친 부분에 어울리는 사자성어를 고르세요.

주몽은 알을 깨고 태어나면서부터 키가 크고 잘생겼다. 또한 다른 아이들보다 훨씬 영특해 일곱 살에 손수 활과 화살을 만들었고 쏘기만 하면 백발백중이었다. 부여의 속담에 활 잘 쏘는 사람을 주몽(朱蒙)이라고 했기에 아이의 이름을 주몽으로 불렀다. 금와왕에게는 일곱 명의 아들이 있었는데 <u>그들의 재주가 모두 주몽에게 미치지 못했다.</u>

❶ 토사구팽   VS   ❷ 군계일학

주몽은 여러 왕자들 중에서 홀로 뛰어났군!

'군계일학'은 닭의 무리 가운데에서 한 마리의 학이라는 뜻이야. 그만큼 돋보인다는 거지. '토사구팽'은 토끼가 죽으면 토끼를 잡던 사냥개도 필요 없게 되어 주인에게 버림을 받는다는 뜻이야. 필요할 때는 쓰고 필요 없을 때는 야박하게 버리는 경우를 말해.

정답 ❷

9월 16일

글을 읽고 신문 기사의 제목으로 알맞은 것을 고르세요.

한국,

최근 통계청에서 발표한 자료에 따르면, 한국은 고령화 속도가 매우 빠른 나라로 나타났습니다. 고령화란 한 사회에서 노인의 인구 비율이 높아지는 것을 말합니다. 한국은 2000년에 고령화 사회에 들어섰고, 2018년에 초고령 사회로 진입했습니다. 고령화 사회에서 초고령 사회로 넘어가는 데 한국은 18년밖에 걸리지 않았습니다. 프랑스는 같은 변화를 겪는 데 115년, 미국은 73년, 일본은 24년이 걸렸다는 점에서 이 속도는 다른 나라와 비교해도 매우 빠른 편입니다.

 ❶ 고령화 급행열차를 타다 VS  ❷ 고령화 국가에서 벗어나다

> 문해력은 우리 주위의 문제에 관심을 갖고 이해하는 것에서 출발해!
>
> 한국의 고령화 속도가 빨라지고 있다는 점에서 신문 기사 제목에 급행열차라는 말을 넣으면 잘 어울리겠어. 우리나라는 고령화 국가로 빠르게 진입한 거지, 벗어나지 않았기 때문에 ❷는 잘못되었어.

도전 260일 차

9월 17일

보기 를 보고 빈칸에 들어갈 알맞은 단어를 쓰고, 단어의 뜻을 알아보세요.

어휘지식

보기

헛-

어떤 낱말 앞에 붙어 '이유 없는', '보람 없는'의 뜻을 더한다.

수고	고생	소리
수 고	고 생	소 리
아무 보람도 없이 애를 씀. 또는 그런 수고.	아무런 보람도 없이 고생함. 또는 그런 고생.	실속이 없고 미덥지 아니한 말.

우리말은 단어에 한 글자만을 붙여서 뜻을 바꾸는 마법이 있지!

'헛수고, 헛고생, 헛소리' 말고도 '헛걸음, 헛살다' 등도 있어. 이렇게 단어 앞에 글자를 붙여서 다른 뜻을 만드는 경우는 매우 많아. 예를 들면, '햇감자, 햇과일', '맨손, 맨발' 등이 있어.

9월 18일

글의 제목으로 알맞은 것을 고르세요.

벌초를 할 때 안전을 위해 할 일은 무엇일까요? 첫째, 긴 옷과 장갑을 착용하여 벌레나 가시로부터 보호해요. 둘째, 모자와 선글라스를 써서 햇빛을 막아 주세요. 셋째, 낫이나 예리한 도구를 사용할 때는 항상 조심해요. 날카로운 도구는 다칠 수 있으니까요. 넷째, 벌에 쏘이지 않도록 주의하세요. 벌집이 보이면 가까이 가지 말고, 벌초 전에 주변을 잘 살펴보세요. 마지막으로, 물을 충분히 마셔서 탈수되지 않도록 해요.

 ❶ 벌초의 유래 VS ❷ 안전한 벌초를 위한 수칙

벌초란 무덤의 풀을 베어서 깨끗이 하는 거야.
조상의 무덤이 풀로 뒤덮이지 않도록 깨끗하게 잘 관리하려는 거지.
이 글은 벌초를 할 때 지켜야 할 것들을 알려 주고 있어.

9월 19일

글을 읽고 상감 청자로 알맞은 것을 고르세요.

　상감 청자는 고려 시대에 만들어진 독특하고 아름다운 도자기입니다. 상감 청자는 흰색의 도자기에 상감 기법으로 무늬를 새긴 것을 말합니다. 이 기법은 도자기에 도금을 입힌 후, 무늬를 새기고, 새긴 부분에 다른 색의 흙을 채워 넣어 만드는 방식입니다. 고려의 상감 청자는 그 섬세한 무늬와 깊이 있는 색감으로 유명합니다. 특히, 청자 표면에 새겨진 새, 동물, 꽃 등의 무늬는 정교하고 아름다워 오늘날에도 많은 사람에게 사랑받고 있습니다.

❶  ❷  ❸

문해력이 뛰어난 사람은 글의 내용을 이해하고 그림으로 연결할 줄 알아.

상감 청자를 만드는 방법을 이해하면 어떤 모양의 도자기인지 찾을 수 있어. 청자 표면에 새, 동물, 꽃 등의 무늬를 새긴다는 점에서 ❷가 상감 청자라는 걸 알 수 있어.

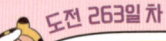

9월 20일

빈칸에 들어갈 알맞은 단어를 고르세요.

오늘 저녁 ☐ 당번은 아빠이다.

❶ 설겆이 VS ❷ 설거지

많은 사람이 헷갈리는 단어니까 잘 기억해 두자. 음식을 먹고 그릇을 씻는 설거지는 '설겆다'라는 동사에서 시작됐어. 그래서 옛날에는 '설겆이'라고 했지. 하지만 많은 사람이 설거지라고 해서 '설겆이'라는 단어는 사라지게 되었어. 그나저나 오늘 설거지 당번은 누구지? 나인가…!

정답 ❷

도전 264일 차

9월 21일

글을 읽고 알맞게 이해한 것을 고르세요.

'스마트 농업'은 컴퓨터와 같은 똑똑한 기계를 사용해 농사를 짓는 거예요. 예를 들어, 기계가 밭의 상태를 검사해서 채소가 잘 자라도록 도와줄 수 있어요. 그리고 날씨를 미리 알려 주는 기계를 사용해서 비가 언제 올지 미리 알 수 있지요. 또 스마트폰이나 컴퓨터로 농사를 관리할 수 있답니다. 농부 아저씨가 집에서도 스마트폰으로 밭의 상태를 보며 물을 줄 수 있게 되는 거지요. 스마트 농업 덕분에 농부들은 더 적은 힘으로 많은 농작물을 키울 수 있어요.

❶ 스마트 농업의 예를 들며 설명하는 글이야.

❷ 스마트 농업의 역사에 대해 설명하는 글이야.

집에서도 농사일을 할 수 있다니!
이 글은 '스마트 농업'에 대하여 쉽게 이해할 수 있도록 여러 가지 스마트 농업 방법을 예로 들고 있어. 설명하는 글을 쓸 때는 읽는 사람이 이해하기 쉽도록 예를 드는 경우가 많아.

❶ 정답

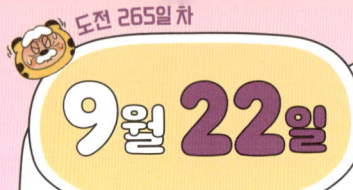

도전 265일 차

9월 22일

빈칸에 들어갈 알맞은 단어를 골라 속담을 완성하세요.

어휘지식

누워서 ☐ 먹기

① 국수　② 약　③ 떡

누워서 떡을 먹어 본 적이 있니?
꿀떡꿀떡 얼마나 먹기 쉬운데!

이 속담은 하기가 매우 쉬운 것을 비유한 거야.
하지만 누워서 떡을 먹으면 체할 수도 있으니 조심해.
비슷한 듯 전혀 다른 속담도 있어.

누워서 침 뱉기 뜻 하늘을 향하여 침을 뱉어 보아야
자기 얼굴에 떨어진다.

정답 ❸

9월 23일

공익 광고를 보고 알맞게 행동한 친구를 고르세요.

쓸수록 줄어듭니다

지구 온난화의 원인 일회용 종이컵,
쓸수록 북극곰들의 집은 줄어듭니다.

 ❶ 일회용 종이컵 대신 텀블러를 가지고 다닌다.

 ❷ 배달 음식을 시킬 때 함께 온 일회용품을 사용한다.

환경 오염으로 지구가 따뜻해져서 북극의 빙하가 녹고 있어.

그럼 북극에 사는 북극곰은 어디서 지내야 하지? 환경 오염으로 동물들이 살 곳이 줄어들게 돼. 공익 광고는 모두에게 이익이 되는 행동을 하자고 설득하는 광고야.

가로세로 어휘 퍼즐을 완성하세요.

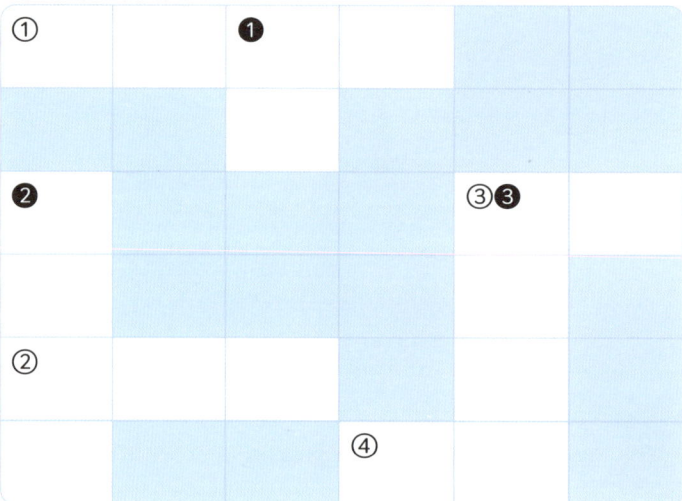

가로 열쇠

① 생태계에서 먹이를 중심으로 이어진 생물 간의 관계.
② 한 번만 쓰고 버림. 또는 그런 것.
③ 사물, 현상이 놓여 있는 모양이나 형편.
④ 머리에 쓰는 것으로 더위, 먼지를 막기 위한 용도.

세로 열쇠

❶ 배를 부리는 일을 직업으로 하는 사람.
❷ '닭의 무리 가운데에서 한 마리의 학.'이라는 뜻의 사자성어. 많은 사람 가운데서 뛰어난 인물을 이르는 말.
❸ 상감 기법을 이용하여 무늬를 넣은 청자.

※ 맨 뒤에서 정답을 확인해 보세요.

글을 읽고 알맞게 이해한 것을 고르세요.

추수를 기념하며 특별한 음식을 함께 먹는 풍습이 있는 나라들이 많습니다. 이름이나 음식, 시기는 그 나라의 역사와 문화, 기후에 따라 조금씩 다르지만, 수확과 풍요에 감사하는 의미가 담겨 있습니다.

	한국	중국	미국
날짜	음력 8월 15일	음력 8월 15일	11월 넷째 주 목요일
명절 음식	송편	월병	칠면조 구이
의미	수확에 감사하며 가족과 함께 보냄.	한 해의 추수를 마치고 감사하는 명절.	1년 동안 추수한 것에 대해 감사함.

 ❶ 모두 각 나라의 문화에 맞게 추수를 기념한다.

 ❷ 세계 각지에서는 음력 8월 15일에 추석을 보낸다.

다른 나라에도 추석과 비슷한 명절이 있다니!
우리나라와 중국은 같은 날짜(음력 8월 15일)에 추석 명절이 있어.
미국은 추수 감사절이라고 부르지만 의미는 비슷해.
날짜는 그 나라의 기후에 따라 조금씩 다를 수밖에 없겠지?

9월 26일

글을 읽은 다음 고라니와 노루를 알맞게 구별하여 쓰세요.

고라니와 노루는 비슷해 보이지만 몇 가지 특징으로 구별할 수 있습니다. 고라니는 뿔이 없고, 노루는 수컷만 짧은 뿔이 있습니다. 고라니의 털은 노루보다 더 어둡고 짙은 갈색을 띠는 경우가 많습니다. 노루의 털은 짧고 부드러우며, 몸 전체에 걸쳐 고르게 분포되어 있습니다. 고라니는 꼬리가 거의 보이지 않으며 엉덩이에 흰 반점이 없습니다. 반면, 노루는 꼬리가 짧고 엉덩이에 흰색의 큰 반점이 있습니다.

❶    ❷

이제 노루와 고라니를 구별할 수 있겠지? 노루와 고라니는 뿔, 털의 모양과 색, 꼬리, 엉덩이 반점이 다르다는 것을 알 수 있어. 기억하고 있다가 동물원에 가면 친구들에게 알려 주자. 친구들이 놀랄걸!

정답 ❶ 노루 ❷ 고라니

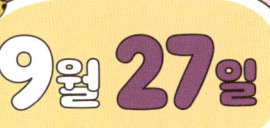

빈칸에 들어갈 알맞은 문장을 고르세요.

측정하다

「동사」

일정한 양을 기준으로 하여 같은 종류의 다른 양의 크기를 재다. 기계나 장치를 사용하여 재기도 한다.

· 강우량을 측정하다.
· 길이를 측정하다.
· 면적을 측정하다.
·

 ❶ 마음을 측정하다.  ❷ 높이를 측정하다.

측정은 눈에 보이도록 재는 거야.
마음은 측정할 수 없어.

'측정하다'라는 단어를 사용하려면 사람이 직접 재든 기계를 사용하든 객관적으로 잴 수 있어야 해. 그러니까 '높이'는 측정할 수 있지만, '마음'은 측정할 수 없지.
마음은 이해하고 함께 느끼는 거야.

도전 271일 차

9월 28일

구조 장비 안내판을 고치기 위한 내용으로 알맞으면 O, 알맞지 않으면 X 하세요.

> 1. 본 장비는 익수 사고 시 누구나 사용할 수 있는 인명 구조함입니다.
> 2. 사고가 발생할 경우 누구든지 구명조끼, 로프를 이용해서 인명 구조 활동을 해 주시기 바랍니다.
> 3. 구조 장비는 인명 구조 외의 목적으로 사용을 금지합니다.
> 4. 수영장에는 모든 음식물을 가지고 들어올 수 없습니다.
> 5. 당신의 작은 관심이 귀중한 생명을 구할 수 있습니다.
>
> **119**

❶ 4번 내용은 생략한다. ( )
❷ 2번 내용에서 '로프'를 '케이블'로 고친다. ( )
❸ '익수 사고 시'를 '사람이 물에 빠졌을 때'로 고친다. ( )

안내판에 이해하기 어려운 말이 있으면 어떻게 될까?

위급한 상황이 일어났을 때 당황할 수 있겠지? 그러므로 쉽게 이해할 수 있는 말을 쓰는 게 좋아. 4번 내용은 구조 장비와 관련된 내용이 아니므로 안내판에서 생략하는 게 좋아. '익수 사고 시'도 이해하기 쉽게 고치자.

정답 ❶ O ❷ X ❸ O

도전 272일 차

9월 29일

다음 사자성어의 뜻으로 알맞은 것을 고르세요.

어휘지식

죽마고우

먼말아, 같이 가!

❶ 어릴 때부터 같이 놀며 자란 벗.

VS

❷ 하늘이 사무치도록 한이 맺힌 원수.

친구 관계를 나타내는
비슷한 사자성어를 더 알아보자!

· **막역지우** 뜻 허물없이 아주 친한 친구.
· **지란지교** 뜻 친구 사이의 맑고도 고귀한 사귐.
· **지기지우** 뜻 자기의 속마음을 참되게 알아주는 친구.

정답 ❶

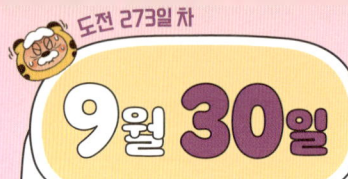

체크리스트를 확인해 보며 나의 친구 관계를 점검해 보세요.

체크리스트

	예	아니요
❶ 친구와 한 약속을 잘 지키나요?	☐	☐
❷ 친구들에게 바른 말을 사용하나요?	☐	☐
❸ 친구의 이야기를 귀 기울여 듣나요?	☐	☐
❹ 친구가 도움이 필요할 때 도와주나요?	☐	☐
❺ 친구에게 자기가 한 실수를 사과하나요?	☐	☐
❻ 친구에게 나의 감정을 솔직하게 표현하나요?	☐	☐

10월

도전 274일 차

지도를 보고 알맞게 이해한 친구를 고르세요.

 ❶ 무안군청 주변에는 행정과 관련된 건물과 시설이 많다.

 ❷ 무안군청 주변에는 관광지와 오래된 문화유산이 많다.

디지털 시대가 되면서 주변의 모습을
쉽게 지도로 검색할 수 있게 되었지.
지도를 잘 읽기 위해서는 중요한 건물이나 시설의
위치를 파악하는 것이 좋아. 무안군청 주변에는 경찰서,
보건소, 예술 회관 등 행정과 관련된 시설이 많네.
우리 동네는 어떤지 한번 검색해 볼까?

도전 275일 차

10월 2일

사다리를 타고 내려가 제시된 단어의 순우리말을 알아보세요.

어휘지식

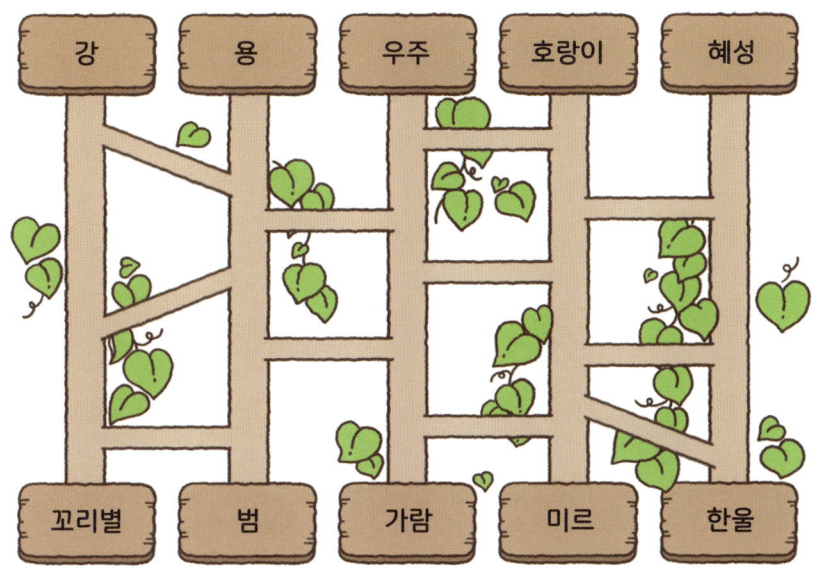

| 강 | 용 | 우주 | 호랑이 | 혜성 |

| 꼬리별 | 범 | 가람 | 미르 | 한울 |

위에 제시된 순우리말 표현을 알고 있었니?

알고 있었다고? 제법인걸!
순우리말 표현을 더 찾아보고 기억해 보렴.
참고로 아무 때나 순우리말을 쓰지는 않아.
과학적인 설명에 '강'을 '가람'이라고
쓰지 않는 것처럼 말이야.

※ 맨 뒤에서 정답을 확인해 보세요.

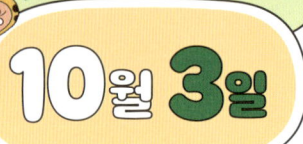

10월 3일

개천절을 설명하는 글을 읽고 알맞게 이해한 친구를 고르세요.

개천절은 기원전 2333년 음력 10월 3일에 단군이 우리 민족 최초의 국가인 고조선을 건국한 것을 기념하기 위해 제정된 국경일입니다. 개천절(開天節)을 한자 그대로 풀이하면 '하늘이 열린 날'이라는 뜻으로, 하늘과 마음이 하나가 되어 온 세상을 이롭게 하라는 홍익인간 정신이 담겨 있습니다. 즉, 개천절은 새로운 민족 국가의 건국을 경축하는 국경일로 하늘에 감사하는 날이라고 할 수 있습니다.

 ❶ 단군은 곰의 자손이니까 개천절에 동물원을 가서 곰을 보고 온다.

 VS

 ❷ 민족의 뿌리를 형성한 개천절의 의미를 떠올리며 태극기를 게양한다.

우리나라의 국경일인 개천절에 대하여 알려 주고 있어.

단순히 학교를 안 가는 빨간 날로만 알고 있었던 건 아니지? 개천절은 단군이 최초의 나라를 세운 것을 축하하는 날이야. 먼솔이처럼 국경일에는 그날의 의미를 생각해 보고, 내 가시도 새상이! 받고 좋네.

도전 277일 차
10월 4일

전래 동화를 읽고 손자가 할아버지에게 했을 말로 가장 알맞은 것을 고르세요.

옛날 어느 시골 마을에 넘어지면 삼 년밖에 못 산다는 무서운 전설이 내려오는 고개가 하나 있었어요. 사람들은 이 고개를 '삼년 고개'라고 부르며 고개를 넘을 때마다 엉금엉금 거북이처럼 걸었어요. 그러던 어느 날, 꼬부랑 할아버지가 삼 년 고개를 조심조심 넘다가 그만 돌부리에 걸려 넘어지고 말았어요. 할아버지는 삼 년밖에 못 살겠다는 생각에 시름시름 앓다가 몸져눕고 말았어요. 그때, 어린 손자가 찾아와 한마디 했어요.

❶ 제가 유명한 의원을 찾아 보약 한 제 지어 드릴게요.

❷ 삼년 고개에서 여러 번 넘어지는 건 어때요? 넘어질수록 3년씩 더 살 수 있잖아요.

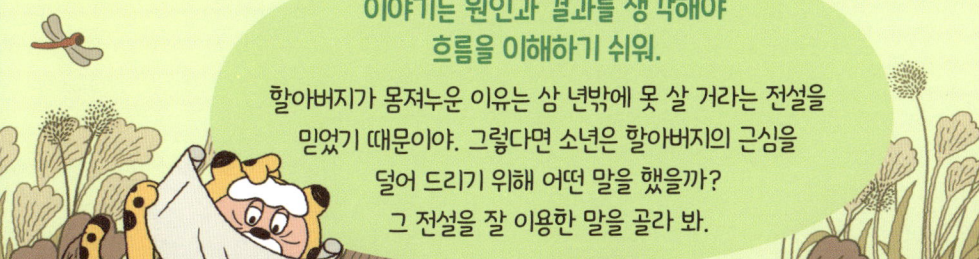

이야기는 원인과 결과를 생각해야 흐름을 이해하기 쉬워.

할아버지가 몸져누운 이유는 삼 년밖에 못 살 거라는 전설을 믿었기 때문이야. 그렇다면 소년은 할아버지의 근심을 덜어 드리기 위해 어떤 말을 했을까? 그 전설을 잘 이용한 말을 골라 봐.

도전 278일 차

10월 5일

밑줄 친 단어와 바꾸어 쓸 수 있는 것을 고르세요.

어휘지식

공원 <u>주변</u>에서 잠자리를 잡았다.

 ❶ 근처

VS

 ❷ 중앙

'주변'은 어떤 대상의 둘레나
근처를 뜻하는 말이지.
비슷한말로 '근처, 둘레, 부근' 등이 있어.
바꾸어 쓸 수 있는지 확인하려면 그 단어를 넣어서
문장을 읽어 봐. 자연스러우면 바꿔 써도 돼.
나도 이만 선선한 날씨를 즐기러 나가 봐야겠군.

❶ 정답

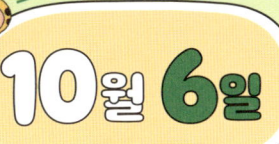

글을 읽고 알맞게 설명한 것을 고르세요.

요즘 거리에서 스몸비를 많이 볼 수 있어요. 스몸비는 '스마트폰(smartphone)'과 '좀비(zombie)'를 합친 말로, 스마트폰을 보느라 앞을 잘 보지 않고 걷는 사람을 말해요. 스몸비가 되면 길에서 넘어지거나, 차나 자전거와 부딪치는 등 사고가 날 위험이 커져요. 그래서 길을 걸을 때는 스마트폰을 사용하지 말고, 앞을 잘 보며 걷도록 해요.

❶ 스몸비의 위험성을 경고하며 주의할 것을 당부하고 있다.

❷ 스몸비를 예로 들며 두 단어가 합쳐진 말에 대해 설명하고 있다.

우리 친구들, 설마 스몸비는 아니겠지?
글을 읽을 때는 중요한 내용과 주장이 무엇인지 파악해야 해.
이 글은 '스몸비'라는 새롭게 등장한 말을 소개하면서
스몸비가 되지 말자고 당부하고 있어.

10월 7일

빈칸에 들어갈 알맞은 단어를 골라 속담을 완성하세요.

작은 고추가 더 ▢

 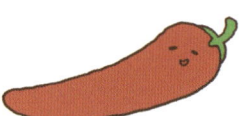

매운맛   매운맛

❶ 작다   ❷ 맵다   ❸ 빨갛다

속담은 생각을 표현하는 재미있는 방법이야.
'작은 고추가 더 맵다'는 몸집이 작은 사람이 큰 사람보다
재주가 뛰어나고 야무지다는 뜻의 속담이야.
그렇기 때문에 겉모습만 보고 판단해서는 절대 안 돼!

정답 ❷

공원에 쓰레기가 많은 이유로 알맞게 설명한 친구를 고르세요.

 ❶ 푯말의 글자를 읽지 못했기 때문에

VS

❷ 푯말의 내용을 지키지 않았기 때문에

주변의 푯말 내용을 잘 지키며 생활하자.
푯말을 읽고 지키는 것도 문해력이야!

'무단 투기'는 '허락 없이 쓰레기 등을 내던져 버린다.'는 뜻이야.
그런데 그림 속 푯말 앞에는 쓰레기가 왜 저렇게 많은 걸까?
사람들이 글자를 읽지 못해서일까? 아니야!
글을 읽고도 지키지 않은 것이지.

10월 9일

글을 읽고 알맞게 이해한 친구를 고르세요.

통합해석

일본의 탄압을 받았던 1910년대, 주시경 선생님은 '국민들이 우리말을 쉽게 읽고 쓴다면, 나라의 힘이 하나로 모이고 국민들이 지혜로워져 강해질 수 있다.'라고 생각했어요. 그래서 한글을 체계적으로 연구하고, 사람들이 쉽게 배울 수 있도록 가르쳤어요. 주시경 선생님은 으뜸가는 글, 하나밖에 없는 글이라는 뜻의 '한글'이라는 이름을 처음으로 사용했어요. 그리고 한글 보급과 맞춤법 연구에 전념하며 한글의 우수성을 널리 알렸어요.

 ❶ 한글의 발전을 위해 많은 분이 노력해서 이제 한글에 대해 고민할 필요가 없다.

 ❷ 한글을 지키고 발전시키려고 노력한 분들께 감사하며 한글을 아끼고 바르게 써야 한다.

오늘은 바로 한글날이야. 한글 창제를 기념하기 위해 지정된 국경일이지.

일제 강점기에 우리의 글인 한글은 탄압의 대상이었어. 주시경 선생님을 포함한 국어학자들은 우리의 말과 글을 지켜 내기 위해 여러 노력을 펼쳤지. 그분들의 뜻을 이어 우리도 한글을 잘 가꾸려고 노력해 보자.

도전 283일 차

10월 10일

단어의 짝이 나머지와 다른 것을 고르세요.

어휘지식

❶
| 길다 | 짧다 | | 진실 | 거짓 |
( )   ( )

| 쉽다 | 어렵다 | | 크다 | 거대하다 |
( )   ( )

❷
| 빠르다 | 느리다 | | 얕다 | 깊다 |
( )   ( )

| 얻다 | 획득하다 | | 덥다 | 춥다 |
( )   ( )

반대되는 단어들의 모임이야!
이 모임의 이름은 '반의어'라고 해.

반의어에는 '짜다-싱겁다', '적다-많다'처럼
뜻이 서로 반대되는 단어들이 해당하지.
반대로 '크다-거대하다', '얻다-획득하다'는
뜻이 비슷한 '유의어'야.

정답 ❶ 크다-거대하다 ❷ 얻다-획득하다

10월 11일

예방 접종 안내문을 읽고 내용에 알맞으면 O, 알맞지 않으면 X 하세요.

추워지기 전에 미리 독감 예방 접종하세요!

어린이는 9월 21일부터, 임산부는 10월 5일부터, 만 65세 이상 어르신은 10월 12일부터 가까운 보건소, 위탁 의료 기관에서 가능합니다.

- **어린이** 생후 6개월~만 13세 **최초 접종** 10월 5일 **2회 접종** 10월 21일
- **임산부** 10월 5일
- **만 65세 이상 어르신** **만 75세 이상** 10월 12일 **만 70~74세** 10월 17일 **만 65~69세** 10월 20일
- **접종 기관** 보건소 및 지정 의료 기관
  ※검색창에 '예방 접종 도우미' 검색 또는 보건소 문의

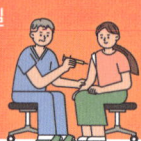

❶ 어린이는 유치원생 이상부터 접종이 가능하다. ( )
❷ 연령에 따라 독감 예방 접종을 시작하는 날짜가 정해져 있다. ( )
❸ 예방 접종은 어린이, 만 65세 이상 어르신, 임산부 순서로 시작된다. ( )

이 포스터는 독감 예방 접종을 안내하고 있어.
건강과 안전을 위해 알려 주는 글들은 우리 생활과 밀접하기 때문에 주의 깊게 읽어야 해. 특히 독감은 인플루엔자 바이러스에 의해 일어나는 유행성 감기로 매년 예방 주사를 맞는 것이 좋아.
그래도 주사는 아파서 맞기 싫다고?

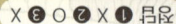

도전 285일차

10월 12일

받아쓰기 공책을 보고 알맞게 쓴 단어를 고르세요.

 어휘지식

년	월	일	점수
학년	반	번	

❶ 배추를 소금에 [절이다 / 저리다].

❷ 손 들고 서 있었더니 팔이 [절이다 / 저리다].

❸ 다리미로 옷을 [다리다 / 달리다].

❹ 휴지를 쓰레기통에 [벌리다 / 버리다].

❺ 지하철에서 다리를 [벌리지 / 버리지] 마세요.

※ 각 문항당 20점으로 채점하고 점수를 적어 보세요.

**오늘 받아쓰기 시험에는
소리는 비슷하지만 뜻이 다른 단어가 나왔군.**

채소는 소금에 절이는 거야. 설마 팔을 소금에 절이진 않겠지?
그리고 옷은 다리는 거고. 뛰는 걸 달린다고 하지. 모음 하나,
받침 하나 차이지만 뜻은 다르니까 제대로 알고 사용하자.
친구들은 몇 점을 받았을까?

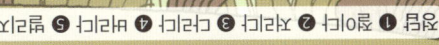

10월 13일

글의 제목으로 알맞은 것을 고르세요.

세포는 몸을 구성하는 아주 작은 단위로 우리의 눈으로 볼 수 없어요. 하지만, 세포는 우리 몸이 제대로 작동하도록 여러 가지 중요한 일을 맡고 있어요. 예를 들어 근육 세포는 우리의 몸이 움직일 수 있도록 도와주고, 신경 세포는 우리가 생각하고 느낄 수 있게 해 줘요. 피부 세포는 우리 몸을 보호해 주고, 혈액 세포는 산소를 온몸에 전달해 준답니다. 그리고 우리가 음식을 먹으면, 소화 기관의 세포들이 그 음식을 분해해서 우리 몸에 필요한 에너지를 만들어 줘요.

 ❶ 우리 몸의 작은 일꾼, 세포   ❷ 소화 기관의 기능과 역할

설명하는 글에서는 설명하는 대상을 찾는 게 가장 중요해. 이 글은 각 세포가 하는 일을 자세하게 설명하고 있어. 그러므로 세포를 우리 몸을 위해 일하는 일꾼으로 비유해서 제목을 지은 ❶이 정답이야.

도전 287일차

10월 14일

다음 상황에 어울리는 속담을 고르세요.

① 오르지 못할 나무는 쳐다보지도 마라

VS

② 열 번 찍어 안 넘어 가는 나무 없다.

앗, 도끼로 나무를 열 번 찍으니까 넘어가려고 하는군!

이 속담은 어떤 어려운 일이라도 여러 번 시도하면 이룰 수 있다는 뜻이야. 아무리 뜻이 굳은 사람이라도 여러 번 권하거나 꾀고 달래면 결국 마음이 바뀐다는 뜻도 있어. 친구들, 우리 열 번 찍어서 문해력을 정복하자고!

정답 ②

도전 288일 차

10월 15일

정부 누리집을 읽고 내용에 알맞으면 O, 알맞지 않으면 X 하세요.

국가 보호종 🔍

'국가 보호종'이란 우리나라에 살고 있는 생물들을 보존 및 보호하기 위하여 환경부, 해양수산부, 국가유산청, 산림청 등이 관련 법률에 따라 지정·보호하는 생물들을 말해요.

 환경부 — 멸종 위기 야생 생물 / 야생 생물 보호 및 관리에 관한 법률

 국가유산청 — 천연기념물 / 문화재 보호법

 해양수산부 — 보호 대상 해양 생물 / 해양 생태계의 보전 및 관리에 관한 법률

 산림청 — 희귀 식물, 특산 식물 / 수목원·정원의 조성 및 진흥에 관한 법률

❶ 국가 보호종은 환경부에서만 지정하고 보호한다. ( )

❷ 국가 보호종을 보존, 보호하기 위한 법률은 한 가지이다. ( )

❸ 보호 대상 해양 생물의 종류는 해양수산부에서 확인할 수 있다. ( )

생물 보호와 관련된
국가 기관과 법에 대해 알려 주고 있어.
환경 위기 시대에 생물을 보호하기 위해 국가에서
어떤 노력을 하고 있는지 알아보자.

정답: ❶ X ❷ X ❸ O

10월 16일

도전 289일 차

어휘지식

단어의 알맞은 뜻을 찾아 선을 이으세요.

단어 — **뜻**

- 얼떨떨하다 — 뜻밖의 일로 당황하거나 여러 가지 일이 복잡하여 정신이 얼떨하다.
- 따분하다 — 거추장스럽지 아니하고 가볍고 편안하다.
- 홀가분하다 — 재미가 없어 지루하다.
- 찝찝하다 — 개운하지 않고 무엇인가 마음에 걸리는 데가 있다.

단어를 많이 알면 알수록 감정을 더욱 다양하게 표현할 수 있어.

어휘력이 풍부해지면 우리의 생각이나 감정을 더욱 다양하게 표현할 수 있어. 어때, 오늘 문해력 공부를 마치고 나니 기분이 홀가분하지? 설마 따분한 건 아니겠지? 그럼 나 상처받는다고….

※맨 뒤에서 정답을 확인해 보세요.

도전 290일 차

10월 17일

동물원 허가제에 대한 글을 읽고 알맞게 이해한 친구를 고르세요.

'동물원 허가제'는 동물원을 운영하려는 사람이 반드시 동물을 위한 복지 사항을 준수해야 정부로부터 허가를 받을 수 있는 제도예요. 이 허가를 받기 위해서는 동물들이 안전하고 건강하게 지낼 수 있는 시설을 갖추고 있어야 해요. 예를 들어 동물들이 스트레스를 받지 않도록 환경을 잘 관리하고, 동물의 안전과 건강을 체크하는 수의사도 필요해요. 또 동물에게 스트레스를 일으키는 체험 활동도 제한하죠.

 ❶ 동물들을 존중하기 위해 만들어진 제도야.

 ❷ 동물원의 체험 활동은 동물들에게 도움을 줘.

주변에서 일어나는 일에 관심을 갖고 함께 해결하려는 노력이 필요해.
직접 해결할 수는 없지만 동물원 허가제처럼 왜 제도가 바뀌었는지를 알아 두자. 그럼 동물원에 갈 때 동물들을 조금은 다른 눈으로 볼 수 있겠지?

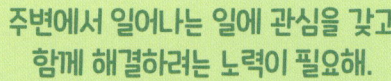

10월 18일

글을 읽고 알맞게 이해한 친구를 고르세요.

환율은 한 나라의 돈을 다른 나라의 돈으로 바꿀 때의 비율입니다. 예를 들어, 우리나라의 돈(원)을 미국 돈(달러)으로 바꾸고 싶을 때 환율이 필요합니다. 만약 1달러가 1,000원이라면 1,000원을 주고 1달러를 받을 수 있습니다. 환율은 매일 변하기도 합니다. 그래서 어떤 날에는 1달러가 1,000원이 되고, 어떤 날에는 1,100원이 될 수도 있습니다.

❶ 환율은 항상 똑같다.

❷ 환율은 돈을 바꾸는 비율이다.

오늘 우리나라 돈의 환율을 검색해 볼까?

환율은 다른 나라로 여행 가기 전에 우리나라 돈을 그 나라의 돈으로 바꿀 때 꼭 알아야 해. 그리고 물건을 수출하거나 수입할 때 환율에 따라 물건값이 달라지기 때문에 회사들은 환율을 늘 살펴야 하지.
오늘 우리나라 돈의 환율을 검색해 보자!

 도전 292일 차

10월 19일

빈칸에 들어갈 알맞은 말을 고르세요.

 어휘지식

약점을 ☐ 하려고 열심히 훈련했다.

 ❶ 보완 VS ❷ 강화

비슷한 뜻의 단어처럼 보이지만 쓰임이 달라.
그래서 주의해서 단어를 써야 해.

'보완'과 '강화'는 둘 다 더 잘되도록 한다는 뜻이기는 해.
하지만 '보완'은 부족한 것을 보충하여 완전하게 하는 거고,
'강화'는 더 강하고 튼튼하게 한다는 뜻이야.
그러니까 약점을 더 강화하면 안 되겠지?

 정답 ❶

10월 20일

떡타령 가사의 내용에 알맞으면 O, 알맞지 않으면 X 하세요.

정월 보름 달떡이요, 이월 한식 송병이요, 삼월 삼짇 쑥떡이로다. 떡 사오 떡을 사오. 사월 파일 느티떡에 오월 단오 수리취떡, 유월 유두에 밀전병이라. 떡 사오 떡을 사오. 칠월 칠석에 수단이요, 팔월 가위 오례송편. 구월 구일 국화떡이라. 떡 사오 떡을 사오. 시월 상달 무시루떡, 동짓달에 새알심이, 섣달에는 골무떡이라. 떡 사오 떡을 사오.

❶ 일 년 열두 달에 먹는 떡을 보여 준다. ( )
❷ 열두 달의 고유 명절의 의미와 풍습을 알 수 있다. ( )
❸ 의성어, 의태어를 활용하여 떡의 모양을 실감 나게 표현했다. ( )

가사의 내용을 알면 노래를 더 잘 이해하고 감상할 수 있어.

친구들이 즐겨 듣는 동요나 가요의 가사를 자세하게 읽어 봐. 그 노래가 훨씬 와닿을 거야. 열두 달별로 소개된 우리나라의 떡에 대하여 더 알아보는 것도 좋겠군. 참고로 나 조고수는 쑥떡을 가장 좋아해. 흠흠, 안 물어봤다고?

다음 속담의 뜻으로 알맞은 것을 고르세요.

등잔 밑이 어둡다

핸드폰이 어디 있지? 아까 분명히 봤었는데….

❶ 가까이 있음에도 잘 알기 어렵다. VS ❷ 가까이 있으면 오히려 불빛이 어둡다.

핸드폰이 바로 책상 위에 있는데, 엉뚱한 곳에서 찾고 있네.
등잔불 바로 아래는 그림자가 져서 잘 안 보여.
이렇게 가까운 곳에서 생긴 일을 도리어 잘 모를 때
'등잔 밑이 어둡다'라는 속담을 써.

도전 295일 차

이솝 우화를 들려주기에 가장 알맞은 친구를 고르세요.

어느 날, 잘난 척하는 토끼는 느린 거북이를 놀렸어요. 그러자 거북이는 토끼에게 경주를 제안했어요. 토끼는 빠르게 뛰기 시작했고 금방 멀리 앞서갔어요. 한참을 달린 토끼가 뒤를 돌아보니 거북이는 이제 막 출발선을 지났어요. 토끼는 안심하며 나무 아래에 누워 잠깐 잠을 자기로 했지요. 한편, 거북이는 토끼가 자는 동안 멈추지 않고 천천히 계속 걸었어요. 시간이 흘러 토끼가 깨어났을 때, 거북이는 이미 결승선에 거의 다 와 있었어요. 놀란 토끼는 전력을 다해 달렸지만, 결국 거북이가 먼저 결승선을 넘었어요.

 ❶ 어려운 목표 앞에서 겁먹는 학생에게 ❷ 어른에게 예의 없게 행동하는 친구에게

이야기는 주인공의 행동이나 마음을 통해 교훈을 전달해.
토끼의 자만했던 행동과 마음 때문에 승부가 뒤바뀌게 되었어.
느리지만 끝까지 걸어서 토끼를 이긴 거북이처럼,
꾸준히 노력하면 달성할 수 있다며
❶의 친구에게 들려주기에 알맞아.

도전 296일 차

10월 23일

그림을 보고 문장을 띄어 써야 하는 이유로 알맞은 것을 고르세요.

먼솔이가방에들어간다.

먼솔이 ˅ 가방에 ˅ 들어간다.   먼솔이가 ˅ 방에 ˅ 들어간다.

 ❶ 문장을 길게 늘여 쓰기 위해서이다.   VS   ❷ 문장의 뜻을 정확하게 전달하기 위해서이다.

문장을 바르게 띄어 쓰고, 띄어 읽어야 뜻을 바르게 전달하고 바르게 파악할 수 있어. 문장은 띄어쓰기나 띄어 읽기를 하는 방법에 따라 뜻이 크게 달라져. '먼솔이가방에들어간다.'도 띄어쓰기를 제대로 하지 않으니까 먼솔이가 방에 들어가는지, 아주 큰 가방에 들어가는지 알 수 없잖아?

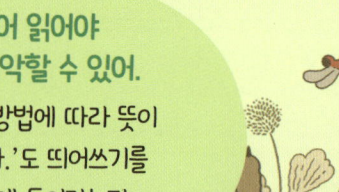

10월 24일

글을 읽고 알맞게 이해한 친구를 고르세요.

카멜레온은 몸 색깔을 바꿀 수 있는 특별한 능력을 가진 동물입니다. 카멜레온은 피부 속에 있는 색소 세포를 이용해 색깔을 바꿉니다. 기분이 좋거나 나쁠 때 주변 환경에 맞추기 위해 색깔을 바꿀 수 있습니다. 예를 들어 기분이 나쁘면 어두운색으로 변하고, 기분이 좋으면 밝은색으로 변합니다. 적에게서 자신을 숨기기 위해 배경과 비슷한 색으로 변하기도 합니다. 카멜레온의 색깔 변화는 생존에 중요한 역할을 합니다.

 ❶ 카멜레온은 기분이 나쁠 때 밝은색으로 변하겠군.

 ❷ 카멜레온은 숲속에서 적을 발견하면 초록색으로 변하겠군.

글을 잘 이해하면 직접 드러나지 않은 내용도 짐작할 수 있어.

카멜레온의 몸 색깔이 변하는 특성을 잘 이해했지? 적에게서 자신을 숨기기 위해 배경과 비슷한 색으로 변한다는 내용을 통해 숲에서는 초록색으로 변할 것이라는 것을 추측할 수 있어.

도전 298일 차

10월 25일

글을 읽고 내용에 알맞으면 O, 알맞지 않으면 X 하세요.

탐색확인

독도는 동도와 서도로 구성되어 있어요. 동도는 대한민국에서 맨 동쪽에 위치한 섬으로 서도에 비해 평평한 지형을 가지고 있으며, 섬 정상에는 독도 경비대 건물과 등대, 헬기장 등이 있어요. 두 개의 섬 중에서 관광객들에게 공개가 된 섬이기도 하지요. 서도는 동도보다 조금 더 크고 높아요. 서도는 하나의 봉우리로 만들어진 섬인데 정상의 이름은 대한봉이에요. 서도에는 주민 숙소가 있으며, 아직 관광객에게는 공개되지 않았어요.

❶ 서도는 동도보다 높고 크다. ( )
❷ 서도는 대한민국에서 맨 서쪽에 위치한 섬이다. ( )
❸ 서도에는 관광객이 머무를 수 있는 숙소가 있다. ( )

울릉도 동남쪽 뱃길 따라 200리
외로운 섬 하나 새들의 고향!

독도는 우리나라 땅인데, 일본이 계속 일본 땅이라고 우기는 섬이야. 그래서 독도에 대한 내용을 더 잘 알아야 해. 우리나라는 10월 25일을 '독도의 날'로 정해서 독도가 대한민국 영토임을 강조하고 있어.

정답 ❶ O ❷ X ❸ X

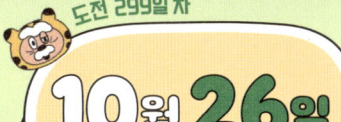

도전 299일 차

10월 26일

밑줄 친 단어와 바꾸어 쓸 수 있는 것을 고르세요.

어휘지식

엄마의 꾸중에 동생은 <u>두루뭉술하게</u> 대답했다.

너, 똑바로 얘기해!

아니…. 그게 아니고요….

① 모호하게 VS ② 자세하게

엄마의 꾸중에 동생은 어떻게 대답한 걸까?

'두루뭉술하다'와 '모호하다'는 '철저하거나 분명하지 않다.'는 뜻이야. 반면 '자세하다'는 '사소한 부분까지 아주 구체적이고 분명하다.'는 뜻으로 '두루뭉술하다'와 서로 반대되는 단어야.

① 답장

10월 27일 글을 읽고 알맞게 이해한 친구를 고르세요.

판다는 대나무 잎을 즐겨 먹는 동물로 대왕판다와 레서판다가 있다. 우리가 일반적으로 생각하는 흰색, 검은색 털을 가진 판다는 대왕판다이다. 대왕판다가 유명해지자 대왕판다를 '판다'로 부르고 레서판다는 그대로 '레서판다'로 부르게 되었다. 대왕판다는 곰과에 속하며, 레서판다는 여우와 비슷한 외모로 유전적으로는 라쿤, 스컹크와 더 가깝다. 대왕판다는 크기가 약 120~150cm이나, 레서판다는 다 자라도 50~65cm 정도이다.

❶ 대왕판다와 레서판다의 다른 점을 설명하고 있다.

❷ 대왕판다와 레서판다의 자라는 과정을 설명하고 있다.

문해력은 글이 어떤 구조로 쓰였는지를 이해하는 것이기도 해.

이 글은 우리가 일반적으로 알고 있는 판다가 대왕판다라는 것을 설명하면서, 또 다른 판다 종류인 레서판다와 어떻게 다른지를 설명하고 있어!

10월 28일

다음 상황에 어울리는 속담을 고르세요.

❶ 열 길 물속은 알아도 한 길 사람의 속은 모른다

VS

❷ 물 만난 고기

물을 만난 물고기는 어떻게 될까?
더 신나게 헤엄치고 능력을 더 잘 발휘할 수 있겠지?
이 속담은 어려운 지경에서 벗어나 크게 활약할 판을 만난 처지를 뜻해.
❶의 속담은 사람의 속마음을 알기 어려운 경우에
표현하는 속담이야.

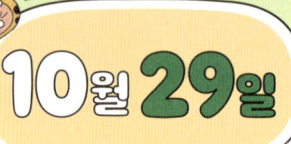

도전 302일 차

10월 29일

단어에 해당하는 동물 관계에 알맞은 것을 고르세요.

활용적용

천적(天敵)

「명사」

『동물』잡아먹는 동물을 잡아먹히는 동물에 상대하여 이르는 말. 예를 들면 쥐에 대한 뱀, 배추흰나비에 대한 배추나비고치벌, 진딧물에 대한 무당벌레 따위이다. ≒목숨앗이.

❶
악어-악어새

❷
개구리-파리

사전의 단어 뜻을 이해하고
실제 생활에 적용해야 해.

악어와 악어새는 서로 도움을 주는 공생 관계이고 개구리와 파리는 잡아먹히는 천적 관계야. 사전에는 간단하게 단어 뜻과 예가 나오지만 잘 이해하고 활용하면 실제 생활에서 큰 도움을 얻을 수 있어.

가로세로 어휘 퍼즐을 완성하세요.

가로 열쇠
① 우리나라의 건국을 기념하기 위해 제정한 국경일. 기원전 2333년에 단군이 고조선을 건국한 날.
② 어른을 높여 이르는 말.
③ 나라의 경사를 기념하기 위해 국가에서 법률로 정한 경축일.

세로 열쇠
❶ 잡아먹는 동물을 잡아먹히는 동물에 상대하여 이르는 말.
❷ '용'을 뜻하는 순우리말 표현.
❸ 나라를 세움.

※ 맨 뒤에서 정답을 확인해 보세요.

도전 304일 차

10월 31일

체크리스트를 확인해 보며 나의 글씨 쓰기 습관을 점검해 보세요.

☑ 메타인지

체크리스트

	예	아니요
❶ 공책은 몸과 나란하게 두어 글씨를 쓰나요?	☐	☐
❷ 양발은 가지런히 모아 바닥에 닿도록 하나요?	☐	☐
❸ 엉덩이를 의자 뒤쪽에 붙여 앉고 허리를 곧게 펴나요?	☐	☐
❹ 엄지와 검지로 연필심에서 2~3cm 위를 가볍게 잡나요?	☐	☐
❺ 고개를 살짝 숙인 상태로 종이와 적당한 간격을 두고 글씨를 쓰나요?	☐	☐
❻ 연필을 올바르게 잡고 글씨를 쓰나요? (※연필을 너무 짧게 잡거나 길게 잡지는 않았나요?)	☐	☐
❼ 글씨를 쓸 때 자음자, 모음자의 획순에 맞게 쓰나요?	☐	☐

11월

11월 1일

글을 읽고 알맞게 이해한 친구를 고르세요.

초등학생 인터넷·스마트폰 과의존, 해마다 증가

최근 발표된 자료에 따르면 초등학생들의 인터넷과 스마트폰 과의존 위험이 해마다 증가하고 있는 것으로 나타났다. 특히 3년 동안 초등학생 과의존 위험군은 약 8.3% 증가했다. 전문가들은 초등학생들이 인터넷과 스마트폰을 과도하게 사용하면 신체적, 정신적 건강에 부정적인 영향을 받을 수 있다고 경고하고 있다. 특히 과의존이 학습에 미치는 부정적 영향도 커지고 있어, 가정과 학교에서 학생들의 스마트폰 사용을 적절히 관리하는 것이 중요하다는 지적이다.

 ❶ 인터넷, 스마트폰을 적절히 사용해야 한다. **VS** ❷ 스마트폰 과의존은 학습에 도움을 준다.

인터넷과 스마트폰은 필요에 따라 알맞게 사용해야 해.

'과의존'이란 다른 것에 너무 심하게 도움을 받거나 기대는 거야. 즐거움을 위해 인터넷이나 스마트폰만 보지 말고, 적절히 필요한 만큼만 사용하는 습관이 중요해. 우리 문해력을 공부하는 동안은 스마트폰을 보지 않도록 약속!

11월 2일

글을 읽고 내용에 알맞으면 O, 알맞지 않으면 X 하세요.

2016년부터 인명 구조 요청이나 범죄 신고 등 20개에 달하는 각종 긴급 신고 번호가 119와 112로 통합됐다. 그동안 화재, 범죄, 성폭력, 간첩 신고 등 종류별로 신고 번호가 모두 달랐지만, 이제는 종류에 상관없이 119나 112로 신고하면 담당 기관에서 연계하여 처리한다. 긴급하지 않은 각종 민원 문의는 110으로 전화하면 된다.

❶ 화재가 났을 때는 110으로 신고한다. ( )
❷ 화재, 범죄 신고 구분 없이 119나 112로 전화하면 된다. ( )
❸ 2016년 전에는 각종 긴급 전화 신고 번호가 20개가 넘어 국민들이 불편함을 느꼈을 것이다. ( )

긴급 신고 번호를 기억해 두자!

나도 모르게 갑자기 긴급한 상황을 맞이할 수 있어.
그러니까 119와 112, 두 번호는 꼭 기억하도록 하자.
화재가 났을 때는 재난 상황이므로
110이 아니라 119로 신고해야 해.

정답 ❶ X ❷ O ❸ O

11월 3일

빈칸에 들어갈 알맞은 말을 고르세요.

아빠의 황당한 개그에 엄마는 □ 듯 웃었다.

 ❶ 어의없는 Vs ❷ 어이없는

훗, 개그 실력은 내가 더 뛰어난 것 같군.
'어이없다'는 일이 너무 뜻밖이어서 기가 막히다는 뜻이야.
그런데 이 단어를 '어의없다'라고 잘못 쓰는 경우가 많아.
'어의'는 왕의 병을 관리하는 의사나 왕의 옷을 말해.
지금은 왕이 없으니 어의가 없기는 하지만. 흠흠…

글을 읽고 알맞게 이해한 것을 고르세요.

주식은 회사에 투자할 수 있는 방법으로, 주식을 사게 되면 그 회사의 아주 작은 부분을 내가 소유하게 돼요. 예를 들어 여러분이 좋아하는 장난감을 만드는 회사가 있다고 해요. 이 회사가 더 크게 성장하기 위해서 돈이 필요할 때, 사람들에게 주식을 팔아요. 이렇게 돈을 내고 장난감 회사의 주식을 산 사람들은 그 회사의 아주 작은 주인이 되는 거예요. 그래서 이 회사가 잘되면 주식을 산 사람들도 이익을 볼 수 있어요. 반대로 회사가 잘되지 않으면 주식의 값이 떨어져서 손해를 볼 수도 있어요.

 ❶ 주식을 사면 회사가 잘될 때 이익을 얻는다.

 ❷ 주식의 값은 오르기만 하고 절대 떨어지지 않는다.

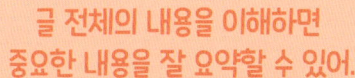
글 전체의 내용을 이해하면
중요한 내용을 잘 요약할 수 있어.

주식은 회사에 투자하는 거라서 이익을 얻거나 손해를 볼 수도 있다는 글이야. 그러니까 주식의 값이 오르기만 한다는 ❷는 잘못 이해한 거지. 우리 친구들은 주식을 사게 된다면 어느 회사의 주식을 사고 싶니?

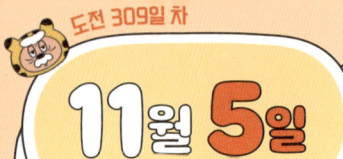

11월 5일

빈칸에 들어갈 알맞은 단어를 골라 속담을 완성하세요.

돌다리도 ☐ 보고 건너라

❶ 건너　❷ 엎드려　❸ 두들겨

단단한 돌다리마저도 확인, 또 확인!
과학 기술이 발달하지 않았던 옛날에는 돌다리가 아주 흔했지.
돌다리를 본 적이 있다면 얼마나 크고 튼튼한지 알 거야.
그런데도 두들겨 보고 건너라고 하는 말은 잘 아는 것도
세심하게 주의하라는 뜻을 담고 있어.

11월 6일

글을 읽고 알맞게 이해한 친구를 고르세요.

똥은 우리가 먹은 음식이 몸에서 소화되고 나서 나오는 찌꺼기예요. 똥의 모양에 따라 우리 몸이 건강한지, 아니면 주의가 필요한지를 알 수 있어요. 똥의 모양에 따른 우리 몸의 건강 상태를 살펴보도록 해요.

 **바나나 모양**
가장 건강한 상태로 잔변감이 없고 부드러움.

 **동글동글한 모양**
수분이 매우 부족한 상태로 변비 가능성이 높음.

 **뚝뚝 끊기는 모양**
변비가 생기기 직전으로 잔변감이 많음.

묽게 퍼진 모양
배가 차가운 상태로 탈수 가능성이 있음.

 ❶ 동글동글한 똥이 나왔다면 물을 마시지 말아야 해.

 ❷ 가장 건강한 상태일 때 똥의 모양은 바나나 모양이야.

규칙적인 배변 습관은 아주 중요해.
섬유질이 풍부한 채소와 물을 섭취하는 것이 도움이 돼. 과식하면 배탈이 나거나 탈수 증상이 생길 수 있어. 오늘 화장실을 갈 때 나의 똥 모양이 어떤지, 글의 내용을 떠올리며 확인해 보면 어떨까?

11월 7일

사다리를 타고 내려가 두 단어가 합쳐졌을 때의 단어를 알아보세요.

| 나무+잎 | 해+볕 | 바다+물 | 아래+집 | 나루+배 |

| 나룻배 | 햇볕 | 바닷물 | 아랫집 | 나뭇잎 |

두 단어가 합체할 때 사이시옷을 붙여.

앞에 위치한 단어가 받침이 없을 때 사이시옷을 붙여서 새로운 단어를 만들어. 단, 한자어끼리 합칠 때는 붙이지 않는 것이 규칙이야. 참고로 한자어인데도 사이시옷을 붙이는 경우는 '곳간, 셋방, 숫자, 찻간, 툇간, 횟수'뿐이야. 잘 기억해 둬!

※ 맨 뒤에서 정답을 확인해 보세요.

도전 312일 차

11월 8일

표지판의 내용으로 알맞으면 O, 알맞지 않으면 X 하세요.

머리 조심

추락 주의

미끄럼 주의

❶ 세 표지판 모두 위험을 알리기 위한 주의 표지판이다. ……… (   )

❷ 낭떠러지 같은 곳에는 '머리 조심' 표지판이 있을 것이다. …… (   )

❸ '추락 주의' 표지판이 보이면 머리 위에 무엇이 있는지 살펴야 한다. (   )

표지판은 주의해야 한다는 것을
간단한 그림과 글자로 알려 줘.

표지판이 있는 곳에서는 표지판의 내용을 잘 살피고 행동해야 해.
특히 위에 제시된 표지판처럼 위험을 알리는 경우에는
더욱 조심해야 해. 안전이 최고! 알지?

정답 ❶ O ❷ X ❸ X

도전 313일 차

11월 9일

소화기 사용법을 읽고 그림에 알맞은 번호를 쓰세요.

소화기 사용법

1. 바닥에 소화기를 두고 몸통을 단단히 잡은 다음 안전핀을 뽑는다.
2. 한 손은 손잡이를, 한 손은 노즐을 잡고 불을 향하게 한다.
3. 소화기의 손잡이를 꽉 움켜쥔다.
4. 분말이 불을 골고루 덮을 수 있도록 뿌린다.

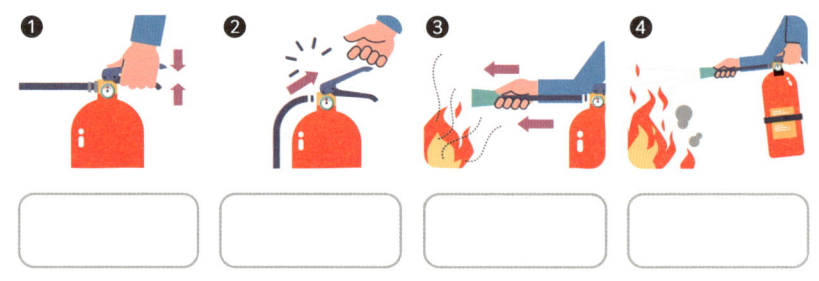

평소에 소화기 사용법을 익혀 두자!

불이 나면 119에 전화해야 하지만,
무엇보다 나의 안전을 먼저 확보하는 것이 가장 중요해.
당연히 소화기 사용법을 알고 있어야겠지?

도전 314일 차

다음 상황에 어울리는 사자성어를 고르세요.

어휘지식

"열심히 공부하자!"

★축★ 문해력 대상, 먼말이
"문해력 일력과 함께한 덕분입니다!"

❶ 작심삼일

VS

❷ 일취월장

먼말이가 문해력 대상을 받았어!
이거 참 뿌듯한걸!

'일취월장'은 날마다 뜻을 이루고 날마다 나아간다는 뜻으로
발전이 빠르고 성취가 많다는 뜻이야.
우리 친구들도 먼말이처럼 지금쯤이면
문해력 실력이 일취월장했겠지?

정답 ❷

도전 315일 차

11월 11일

글을 읽고 알맞게 행동한 친구를 고르세요.

　11월 11일은 '농업인의 날'이에요. 농민들의 수고에 감사하고, 농민들의 긍지와 자부심을 높이고, 농업의 중요성을 되새기는 법정 기념일이지요. 농업에서 중요하게 생각하는 '흙'을 나타내는 한자 '흙 토(土)'는 '십(十)'과 '일(一)'로 나눌 수 있어서 숫자 11을 연상하게 해요. 그래서 1년 중 11이 두 번 겹치는 11월 11일로 정했어요. 이때는 가장 대표적인 농업인 벼농사를 끝내고 추수를 하는 시기로 수확의 기쁨을 함께 나누는 때이기도 해요.

 ❶ 학교에 막대 과자를 챙겨 가서 친구들과 나눠 먹는다.

 ❷ 이날은 밥을 먹을 때 농민들에게 감사한 마음을 가진다.

11월 11일을 '농업인의 날'로 정한 까닭을 잘 이해해야 해.

11월 11일을 흔히 막대 과자 주고받는 날로만 알고 있었지? 오늘, 이 글을 읽은 시점부터는 우리가 밥을 먹을 수 있게 되기까지 농민들의 수고와 노력에 감사하는 마음을 가져 보자.

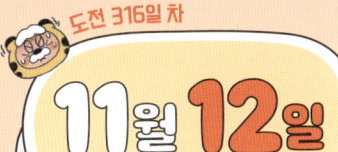

11월 12일

다음 상황에 어울리는 사자성어를 고르세요.

 ❶ 소탐대실 VS  ❷ 일거양득

잠깐의 감정이나 이익 때문에 후회하거나 손해를 본 적 없니?

농부처럼 부자가 되려는 욕심 말고도, 친구끼리 작은 다툼이 있을 때 순간의 욱한 마음에 화를 내서 사이가 멀어지는 경우도 있어. 그 순간에 친구를 이해하고 화해하면 오래도록 더 좋은 친구가 될 수 있을 거야. 작은 것을 탐내다가 큰 것을 잃지 말자고!

❶ 정답

도전 317일 차

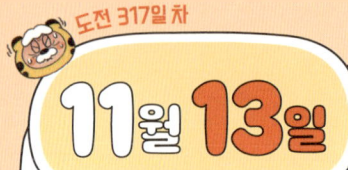

광고를 보고 알맞게 행동한 친구를 고르세요.

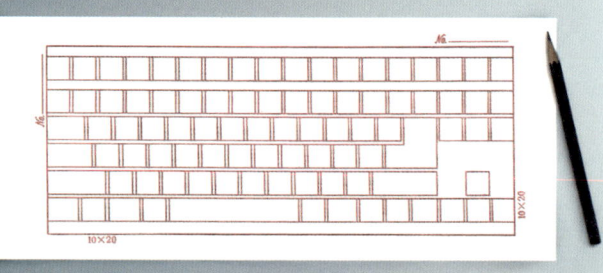

"한 번쯤 고민해 보셨습니까?"

온라인에서 생각 없이 쓴 글로 인해 누군가에게 피해를 주고 있지 않습니까?
원고지 쓰는 마음으로 한 번 더 생각한 후 글을 쓰는 습관이 밝은 인터넷 문화를 만듭니다.

 ❶ SNS 댓글을 달 때 응원하는 내용의 댓글을 달았다.

 ❷ 온라인에서 게임을 하다가 져서 비속어를 사용했다.

이제 핸드폰으로도 댓글을 쉽게 쓸 수 있게 되었어.
그만큼 다른 사람에게 쉽고 빠르게 전달되고,
한번 전달되면 고치기도 어려워. 그러니까 마치
원고지에 글을 쓰듯이 한 번쯤 고민해 보고 적자!

도전 318일 차

11월 14일

선거의 4대 원칙에 대한 설명으로 알맞은 것을 찾아 선을 이으세요.

4대 원칙	뜻
보통 선거	성년이 되면 누구나 선거에 참여할 수 있다는 원칙.
비밀 선거	다른 사람에게 맡기지 않고 내가 직접 투표해서 후보를 뽑는 원칙.
직접 선거	내가 누구를 뽑았는지 다른 사람이 모르게 하는 원칙.
평등 선거	모든 사람이 똑같이 한 표씩 가질 수 있다는 원칙.

선거는 나라나 단체를 이끌어 갈 사람을 뽑는 방법이야.

우리 반의 학급 회장을 뽑을 때도 선거로 하지? 선거를 할 때 올바르고 공정하게 대표를 뽑으려면 네 가지 원칙을 지켜야 해. 이걸 바로 '선거의 4대 원칙'이라고 불러. 우리 친구들도 투표할 수 있는 18세를 기다려 보자고!

※ 맨 뒤에서 정답을 확인해 보세요.

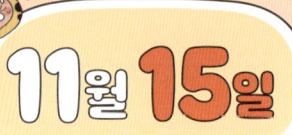

11월 15일

글을 읽고 알맞게 이해한 친구를 고르세요.

　가상 아이돌은 컴퓨터 그래픽으로 만들어진 캐릭터로, 컴퓨터 기술이 발전하면서 가능해졌어요. 컴퓨터 기술을 사용해서 춤을 추고, 노래를 부르며, 팬들과 소통할 수 있게 된 것이지요. 가상 아이돌의 목소리는 컴퓨터로 만들어지거나, 실제 사람이 녹음한 것을 사용해요. 가상 아이돌은 광고나 영화, 게임에서도 볼 수 있어요. 최근에는 단독 콘서트를 개최하며 일반 아이돌과 전혀 다를 것 없는 활동을 하고 있어요. 가상 아이돌의 활동은 다양한 분야에서 더욱 활발해질 거예요.

 ❶ 가상 아이돌도 일반 아이돌처럼 팬이 있을 거야.

❷ 가상 아이돌은 머지않아 사라질 거야.

컴퓨터 기술이 발전하면서 탄생한 '가상 아이돌'에 대한 내용이야.

컴퓨터 기술이 빠르게 발전하면서 가상 아이돌이 등장했을 뿐만 아니라, 컴퓨터 게임이 현실 세계와 합쳐져 더 실감 나게 즐길 수 있게 되었지. 그러니까 가상 아이돌은 사라지지 않고 앞으로 더욱 발전할 가능성이 커.

정답 ❶

11월 16일

빈칸에 들어갈 알맞은 단어를 고르세요.

'상스럽다'와 '상서롭다'는 엄연히 그 뜻이 다르다. 말이나 행동이 보기에 천하고 교양이 없을 때 '상스럽다'고 말하고, 복되고 길한 일이 일어날 조짐이 있을 때는 '상서롭다'고 말한다. 그러므로 오른쪽의 호랑이 그림을 보고 감상을 표현할 때 "이 그림은 _____ 기운이 느껴진다."고 표현해야 한다.

 VS

❶ 상스러운   ❷ 상서로운

우리말은 '아' 다르고 '어' 달라!

이 글에서는 글자의 형태가 비슷하지만 뜻이 전혀 다른 단어를 설명했어. 모음 글자가 다를 뿐인데 완전히 다른 뜻이지? 설마 호랑이 그림을 보며 '상스러운' 기운이 느껴진다고 하지는 않겠지?

11월 17일

글을 읽고 알맞게 이해한 친구를 고르세요.

　매년 11월 17일은 '순국선열의 날'로 일본에 빼앗긴 우리나라의 국권 회복을 위해 헌신한 순국선열의 숭고한 독립 정신을 기리는 날입니다. '순국선열'이란 독립운동을 위해 목숨을 바쳐 먼저 죽은 열사를 의미합니다. 독립운동을 위해 일제에 항거하며 살아서 광복을 맞이한 애국지사와는 다르지요. 그렇다면 왜 11월 17일일까요? 1905년 11월 17일에 대한민국이 실질적으로 일본에 나라를 빼앗긴 '을사늑약'이 체결되었기 때문입니다. 이날의 치욕과 아픔을 잊지 않기 위해서 순국선열의 날을 11월 17일로 제정했습니다.

❶ 순국선열과 애국지사는 독립운동을 했다는 점에서 같아.

❷ 순국선열 중에서도 광복을 맞이한 분들이 있을 수 있겠군.

독립운동가를 표현하는 단어도 조금씩 달라!
'순국선열'은 국가와 민족을 위해서 독립운동을 하다가 순국하신 분들이기 때문에 ❷는 알맞지 않아. 순국선열의 고귀한 희생을 기억하며 오늘 하루를 뜻깊게 보내 보자!

도전 322일 차

11월 18일

그래프를 보고 알맞게 이해한 친구를 고르세요.

분석평가

독서 시간

독서 빈도

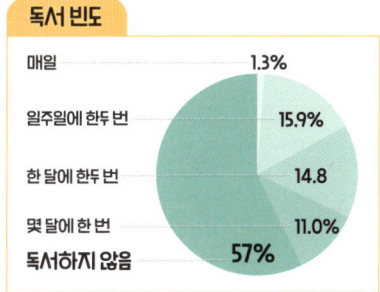

출처: 2023년 국민 독서 실태 조사

❶ 종이책, 전자책, 오디오 북 모두 평일보다 휴일에 더 많이 봐.

❷ 독서 빈도를 살펴보면 독서를 하는 사람의 비율이 독서를 하지 않는 사람의 비율보다 많아.

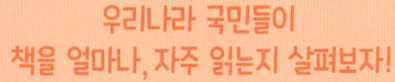

우리나라 국민들이
책을 얼마나, 자주 읽는지 살펴보자!

세 종류의 책 모두 평일보다 휴일에 독서 시간이 훨씬 길어.
그리고 독서를 하는 사람과 독서를 안 하는 사람의
차이를 알려면 독서 빈도 그래프에서
숫자의 덧셈과 뺄셈을 하면 되겠지?

❶ 정답

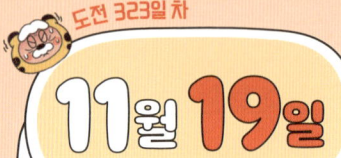

도전 323일 차

11월 19일

다음 속담의 뜻으로 알맞은 것을 고르세요.

어휘지식

방귀 뀐 놈이 성낸다

지금 나를 의심하는 건가? 방귀 뀐 범인은 내가 아니야!

킁킁, 무슨 냄새지?

 ❶ 잘못을 저지른 사람이 오히려 화를 낸다.

VS

❷ 두 가지 일이 우연히 동시에 일어나 의심을 받다.

흠흠, 나 방귀 안 뀌었다고!
내 방귀 냄새가 얼마나 향기로운데! 이 속담은 잘못을
저지른 쪽에서 오히려 남에게 화를 낸다는 뜻이야.
킁킁. 그런데 어디서 이상한 냄새 나지 않아?
친구, 도대체 어제 뭘 먹은 거야?

❶ 정답

11월 20일

안전 점검표를 보며 우리 가족은 안전하게 생활하고 있는지 확인해 보세요.

우리 집 안전 점검표

점검 항목	네	아니요
❶ 냉장고, 전기 제품 콘센트 주변의 먼지 등을 청소했나요?	☐	☐
❷ 전원 자동 차단용(스위치) 콘센트를 사용하고 있나요?	☐	☐
❸ 가스레인지를 사용한 후에는 밸브를 잠그나요?	☐	☐
❹ 소화기 사용법을 알고 있나요?	☐	☐
❺ 집에 있는 소화기는 유효 기간(10년) 이내의 것인가요?	☐	☐

'네'에 체크한 것이 많을수록 잘 지키고 있는 거야!

전기 콘센트나 그 주변의 먼지를 잘 청소하고 있는지, 가스레인지나 소화기는 사용법을 인지하고 있는지 점검해 봤니? 참고로 소화기는 10년마다 바꿔야 해. 우리 집 소화기의 유효 기간도 꼭 살펴봐.

11월 21일

빈칸에 들어갈 알맞은 단어를 고르세요.

조심조심 옮기자…!

① 주위 VS ② 주의

상자 안에는 무엇이 들었을까?
일단 조심조심 옮기자!

'주위'는 어떤 곳의 근처라는 뜻이고,
'주의'는 마음에 새겨 두고 조심한다는 뜻이야.
상자 안의 물건을 조심히 옮겨야 하는 거니까
빈칸에는 '주의'가 들어가야 해.

도전 326일 차

11월 22일

글을 읽고 알맞게 이해한 친구를 고르세요.

부력은 물속에 있는 물체를 위로 밀어 올리는 힘으로, 부력이 중력보다 크면 물체는 뜨게 됩니다. 예를 들어, 공을 물에 넣으면 공이 가볍고 부력이 더 커서 떠오르게 됩니다. 우리의 몸도 마찬가지입니다. 물에 빠졌을 때, 몸에 작용하는 부력이 중력보다 크기 때문에 떠오를 수 있습니다. 그래서 만약 물에 빠진다면 당황하지 말고 침착하게 행동해야 합니다. 물을 마시지 않도록 조심하고, 숨을 크게 들이마신 후 하늘을 보고 누운 자세를 취하면 됩니다.

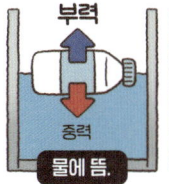
부력 / 중력 / 물에 뜸.

부력 / 중력 / 물에 가라앉음.

❶ 물에 빠졌을 때 숨을 크게 내쉰다.

VS

❷ 물에 빠졌을 때 하늘을 보고 눕는다.

부력은 물속에서 물체를 위로 미는 힘,
반대로 중력은 물체를 땅 쪽으로 끌어당기는 힘이야.
사람은 물에 빠졌을 때 당황해서 위험해지는 경우가 많아.
그럴 때 당황하지 말고, 하늘을 향해 누워서 숨을 들이마시자.
그럼 부력 때문에 물에 뜰 거야!

11월 23일

글을 읽고 내용에 알맞으면 O, 알맞지 않으면 X 하세요.

김치는 우리나라의 전통 음식으로, 주로 소금에 절인 배추나 무에 고춧가루, 파, 마늘 등으로 만든 양념을 버무려 만든 음식이에요. 김치가 발효될 때 나오는 유산균과 채소 속 식이 섬유가 장을 건강하게 만들어 주고 소화를 도와줘요. 김치는 사용하는 채소와 양념, 절이는 방법에 따라 200여 종류가 있어요. 전국 어디서나 김치를 담그지만, 환경과 특색에 맞춰 지역별로 다양한 종류의 김치를 담가요. 유네스코에서는 우리나라의 김치를 담그는 김장 문화를 '인류 무형유산'으로 지정했어요.

❶ 김치는 유네스코에서 지정한 '인류 유형 유산'이다. ( )
❷ 김치 속에는 유산균과 식이 섬유가 풍부하게 들어 있다. ( )
❸ 남쪽 지방과 북쪽 지방의 김치는 담그는 방법이 다를 것이다. ( )

김장을 담그는 시기가 왔군!
김장 문화가 유네스코에서 지정한 '인류 무형유산'이었다는 거, 친구들은 몰랐지? 그리고 지역별로 환경과 특색에 맞춰 다양한 종류의 김치를 담근다고 했으니까 ❸은 맞는 말이야. 이제 슬슬 김장을 담글 준비를 해야겠어.

11월 24일

빈칸에 들어갈 알맞은 단어를 고르세요.

날씨가 쌀쌀해지면서 난방 기기의 ☐ 이 급증하고 있다.

역시 이불 속이 최고야.

❶ 유용 VS ❷ 사용

두 단어 모두 쓴다는 뜻이지만
미묘하게 쓰임이 달라.

'유용'은 쓸모가 있다는 뜻이고,
'사용'은 일정한 목적에 맞게 쓴다는 뜻이야.
그러니까 난방을 목적으로 기기를 쓸 때는
'사용'이라고 써야 해.

❷ 사용

11월 25일 글을 읽고 알맞게 설명한 친구를 고르세요.

박쥐는 날아다니기 때문에 새로 착각하는 친구들이 있어요. 하지만 박쥐는 새끼를 낳아 젖을 먹여 키우는 포유류랍니다. 박쥐는 날카로운 이빨과 큰 귀, 날개가 있어요. 박쥐는 생김새에 따라 다양한 이름으로 부르는데, 토끼처럼 귀가 긴 박쥐는 '토끼박쥐', 날개가 넓은 박쥐는 '넓은날개박쥐'라고 불러요. 털과 날개막이 선명한 주황색을 띤 박쥐는 '황금박쥐'라고 부르지요.

▲ 토끼박쥐

 ❶ 박쥐가 어두운 곳에서 지낼 수 있는 방법을 알려 줬어.

 ❷ 박쥐의 다양한 이름을 예시로 들어서 이해하기 쉬웠어.

글의 내용을 어떻게 설명하고 있는지 파악하면서 읽자.

박쥐의 특징을 먼저 설명하고 박쥐의 이름을 예로 들어 설명해서 이해하기 쉬웠지? 무언가를 알려 주는 글은 글쓴이가 설명을 어떻게 풀어 나가는지를 분석하면 더 잘 이해할 수 있어.

11월 26일

빈칸에 들어갈 알맞은 단어를 골라 관용어를 완성하세요.

마음의 [ ] 을 쌓다

❶ 담   ❷ 탑   ❸ 모래성

두 친구는 무엇 때문에 다툰 걸까?

'담을 쌓다'는 두 장소의 경계를 짓는 의미도 있지만, 잘 지내던 사람끼리 사이가 나빠져 관계를 끊거나 만나지 않는다는 뜻도 있어. 우리 친구들은 문해력 공부와 담 쌓지 않을 거지?

❶ 담

빈 병을 재활용하는 방법을 읽고 알맞게 이해한 친구를 고르세요.

분리배출로 지구를 깨끗하게

 내용물 비우기 ▶  가볍게 세척하기 ▶  다른 재질로 된 뚜껑, 라벨 분리하기 ▶  재활용 분류하기

 ❶ 이 수칙을 잘 지키면 집에서도 빈 병을 다시 사용할 수 있다.

 ❷ 뚜껑, 라벨은 빈 병과 다른 재질이므로 병에서 분리해서 버린다.

빈 병을 올바른 방법으로 재활용하고 있니?

빈 병을 분리배출하는 이유는 가정에서 다시 쓰기 위해서가 아니라 분리수거해서 재활용하기 위해서야. 그래서 ❶의 내용은 알맞지 않아. 잘 기억하고 있다가 빈 병을 버릴 때 실천하도록 하자.

11월 28일

가로세로 어휘 퍼즐을 완성하세요.

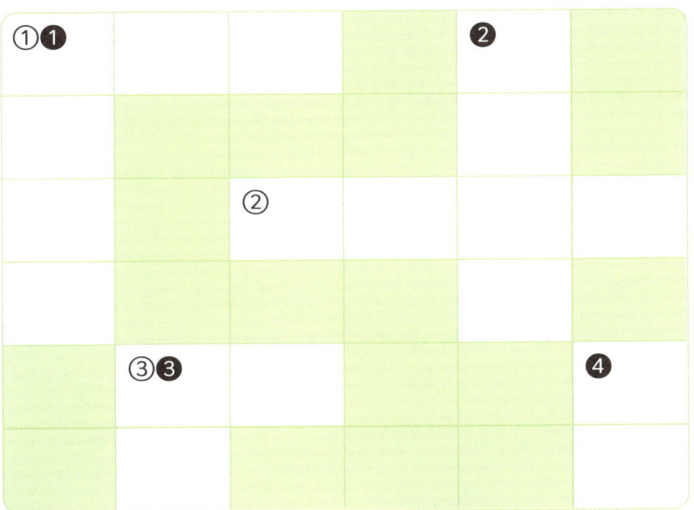

가로 열쇠
① 불을 끄는 기구.
② 독립운동을 위해 목숨을 바쳐 광복을 맞기 전에 죽은 열사를 이르는 말.
③ 회사에 투자하는 방법 중 하나로, 회사의 지분을 구매하여 소유하는 것.

세로 열쇠
❶ '작은 것을 탐하다가 큰 것을 잃는다.'는 뜻의 사자성어.
❷ 선거의 4대 원칙 중 하나. 내가 누구를 뽑았는지 다른 사람이 모르게 하는 원칙.
❸ 마음에 새겨 두고 조심함.
❹ 가을에 익은 곡식을 거두어들임.

※ 맨 뒤에서 정답을 확인해 보세요.

11월 29일

글을 읽고 알맞게 이해한 친구를 고르세요.

비건(Vegan)은 고기, 생선, 달걀, 우유 등 동물에서 나온 음식을 먹지 않는 사람, 즉 채식주의자를 말해요. 비건은 동물과 환경 보호, 건강 등을 이유로 동물성 식품을 피해요. 그 대신 채소, 과일, 곡물, 콩과 같은 식물성 식품을 먹어요. 비건은 고기를 먹지 않는 대신 콩이나 두부로 만든 식품을 먹고, 우유 대신 아몬드로 만든 식물성 우유나 두유를 마셔요. 비건 생활을 실천하는 사람들은 옷이나 화장품도 동물에게 해를 끼치지 않는 제품을 사용하려고 노력해요. 동물의 가죽으로 만든 옷을 입지 않고, 동물 실험을 하지 않은 화장품 등을 사용하는 거예요.

 ❶ 비건은 동물과 자연을 존중하는 삶을 살아.

 ❷ 비건이 된다고 동물과 자연에 도움이 되지 않아.

글을 읽고 중심 내용을 잘 파악하는 것이 필요해.
이 글은 비건(채식주의자)에 대해 알려 주고 있어. 채식을 하면 동물과 자연에 당연히 도움이 되겠지?

❶ 정답

체크리스트를 확인해 보며 나의 독서 편식 습관을 점검해 보세요.

체크리스트

	예	아니요
❶ 이야기책만 읽고 정보가 들어간 책은 읽지 않는다.	☐	☐
❷ 만화책은 좋아하는데 과학, 역사책은 읽지 않는다.	☐	☐
❸ 짧은 글은 많이 읽는데, 긴 글은 거의 읽지 않는다.	☐	☐
❹ TV, 핸드폰으로 영상은 보는데 책을 잘 읽지 않는다.	☐	☐
❺ 만화책은 오래 앉아 읽지만, 줄글로 된 책은 잠깐 읽기도 어렵다.	☐	☐
❻ 핸드폰, 컴퓨터 등으로 SNS, 게임 등을 하느라 책을 볼 시간이 없다.	☐	☐

12월

12월 1일

신문 기사를 읽고 내용에 알맞으면 O, 알맞지 않으면 X 하세요.

2020년 ○월 ○일, 하늘에서 신비한 자연 현상인 일식이 나타날 예정입니다. 일식은 달이 태양을 가려서 태양이 부분적으로 또는 완전히 보이지 않는 현상입니다. 일식은 태양, 달, 지구가 일직선으로 놓일 때 발생합니다. 달이 태양을 가리면 낮인데도 갑자기 어두워지는 모습을 볼 수 있습니다. 이 현상은 몇 분 동안만 지속되며, 그 뒤에는 다시 태양이 나타납니다. 전문가들은 일식이 일어나는 동안에는 태양을 직접 보는 것은 위험하므로, 반드시 특수 안경을 사용해야 한다고 강조했습니다.

❶ 일식은 태양이 달을 가리는 현상이다. ………………… (   )
❷ 일식은 몇 시간 동안이나 관찰할 수 있다. ……………… (   )
❸ 일식을 보려면 특수 안경을 사용하는 것이 좋다. ……… (   )

자연 현상은 참 신비한 것 같아.

어떤 내용을 알려 주는 글을 읽을 때는 글 속에 담긴 사실을 살펴보고 잘 확인해야 해. 일식은 달이 태양을 가리는 현상으로 몇 분 동안만 지속되므로 ❶, ❷는 잘못된 내용이야.

정답 ❶ X ❷ X ❸ O

도전 336일 차

12월 2일

밑줄 친 단어와 의미가 다른 것을 고르세요.

어휘지식

밤늦게 TV를 많이 봐서 눈이 나빠졌다.

❶ 눈에 먼지가 들어갔는지 따갑다.
❷ 항아리 위에 새하얀 눈이 쌓였다.
❸ 나는 선생님과 눈을 마주치지 않으려고 애썼다.

여러 가지 뜻을 갖는 단어의 경우
문장의 맥락을 따져 뜻을 이해해야 해.

얼굴에 있는 감각 기관인 '눈'도 있고,
하늘에서 내리는 '눈'도 있어. 세 개의 문장에서
❶, ❸은 물건을 보는 신체 기관이고
❷는 하늘에서 내리는 눈을 뜻해.

정답 ❷

도전 337일 차

12월 3일

동물 실험에 대한 입장에 알맞은 것을 찾아 선을 이으세요.

분석평가

입장

❶ 지지

❷ 반대

❸ 협의

의견

(1) 동물도 고유한 생명의 가치가 있으므로 이를 해치는 행위는 정당하지 않다.

(2) 인간에게 반드시 필요한 검증 단계에서만 적용하는 등의 방법을 찾아보려는 노력이 필요하다.

(3) 지금까지 의학의 발전은 동물 실험을 통해 직접적, 간접적으로 이루어졌다.

주장하는 글은 글쓴이의 주장이나 관점을 잘 파악해야 해.

어떤 사람이나 단체의 정책이나 의견에 찬성하는 것을 '지지', 찬성하지 않고 맞서는 것을 '반대', 서로 협력하여 의논하는 것을 '협의'라고 해. 각 의견의 내용을 잘 분석해서 알맞게 선을 이어 봐. 주장하는 글을 읽을 때 나의 입장을 정해 보는 것도 내 생각을 키우는 좋은 방법이야.

정답 ❶ (3) ❷ (1) ❸ (2)

도전 338일 차

12월 4일

빈칸에 들어갈 알맞은 단어를 골라 관용어를 완성하세요.

☐ 이/가 올라가다

> 먼솔이, 문해력 실력이 많이 올랐구나!

> 정말요?

❶ 머리   ❷ 어깨   ❸ 무릎

조고수의 칭찬에 먼솔이 어깨가 으쓱으쓱하고 있네? '어깨가 올라가다'는 칭찬을 받거나 하여 기분이 으쓱해질 때 쓰여. 어깨가 들어간 다른 관용어로 '어깨를 겨루다'도 있어. 지위나 힘이 비슷해졌을 때 쓰이지!

12월 5일

글을 읽고 빈칸에 들어갈 알맞은 내용을 고르세요.

쇠가 녹슬었을 때 쇠가 산화되었다고 한다. 이는 산소와 철이 만나면 산화 작용으로 산화철이 되는데, 이때 쇠붙이의 표면에 검거나 푸른 녹이 생기게 된다. 우리는 오랫동안 쓰지 않고 버려두어 낡거나 무디어지는 것에도 '녹슬다'라고 표현한다. 우리말 중에 '머리가 녹슬다', '생각이 녹슬다'라는 표현이 있는데, 이는 '_____'라는 뜻이다.

 ❶ 머리가 제대로 돌아가지 않는다.

VS

❷ 머리가 하얗게 되다.

문해력 수련을 꾸준히 하다 보면 머리가 녹스는 일은 없을 거야.

오래된 쇠에 녹이 슬면 무뎌져서 잘 쓰이지 못해. 이 표현을 사람이 생각이 잘 나지 않거나 머리를 잘 쓰지 못하는 경우에 빗대었어. 그래서 마치 쇠에 녹이 슨 것처럼 사람의 머리에 녹이 슨 것으로 말이지.

정답 ❶

도전 340일 차

12월 6일

알맞은 단어를 따라가면서 길을 찾아 가세요.

어휘지식

출발 — 대려가다 / 데려가다 — 연애인 / 연예인 — 돌맹이 / 돌멩이 — 세째 / 셋째 — 도착

헷갈리는 말들 사이를 지나
내가 기다리는 곳을 어서 오렴!

모음이나 받침을 잘못 쓰는 경우가 많아.
단어의 철자를 바르게 알고 사용해야
발음도 더 정확히 하고, 뜻도 잘 전달할 수 있어.

※ 맨 뒤에서 정답을 확인해 보세요.

12월 7일

글을 읽고 알맞게 이해한 친구를 고르세요.

인플레이션은 물건값이 오르는 현상을 말해요. 예를 들어 오늘 사과 한 개의 가격이 1,000원이었는데, 내일 1,200원이 되는 거예요. 이렇게 되면 돈의 가치가 떨어지게 돼요. 반면 디플레이션은 물건값이 내리는 현상으로, 오늘 1,000원이었던 사과 한 개의 가격이 내일 800원으로 가격이 떨어지는 거지요. 이때는 돈의 가치가 올라가는 거예요. 인플레이션과 디플레이션이 적당히 유지되면 경제가 안정되지만, 하나의 현상이 지속되는 것은 경제에 좋지 않아요.

 ❶ 치킨 가격이 계속 오르는 것은 인플레이션 현상이다.

 ❷ 디플레이션이 지속되면 사람들이 생활하기 좋아진다.

일상생활에서 물건값의 변화를 잘 살펴봐.
경제를 읽을 수 있어.

물건 가격이 오르고 내리는 현상을
각각 인플레이션과 디플레이션이라고 해.
물건값이 계속 오르기만 하거나 내리기만 하는 것은
우리 경제에 좋지 않아.

❶ 정답

12월 8일

도전 342일 차

인터넷 검색 결과를 보고 내용에 알맞으면 O, 알맞지 않으면 X 하세요.

 통합해석

🔍 **대전광역시 박물관** ✕

국립중앙과학관 과학관
오전 9시 30분 ~ 오후 5시 30분
오늘 휴무 · 매주 월요일 휴무
전시 관람 무료(일부 전시관 유료)

옛터민속박물관 박물관
오전 10시 ~ 오후 12시
운영 전 · 연중무휴
전시 관람 무료

지질박물관 박물관
오전 10시 ~ 오후 5시
오늘 휴무 · 매주 월요일 휴무
전시 관람 무료

❶ 세 곳 모두 오전 10시에 문을 연다. ( )
❷ 세 곳 중에서 지질박물관만 무료로 입장할 수 있다. ( )
❸ 세 곳 중에서 옛터민속박물관만 오늘 입장할 수 있다. ( )

친구들이 사는 지역 근처에 어떤 박물관이 있는지 검색해 봐!

국립중앙과학관은 오전 9시 30분에 문을 열어. 세 곳 모두 10시에 문을 연다는 ❶의 설명은 잘못되었어. 그리고 세 곳 모두 전시 관람이 무료야. 단, 국립중앙과학관 중 일부 전시관은 유료니까 잘 살펴봐.

정답 ❶ X ❷ X ❸ O

도전 343일 차

12월 9일

빈칸에 들어갈 알맞은 단어를 고르세요.

 어휘지식

멧돼지 ☐ 주의

먹이 활동이나 이동을 위해 마을 인근에 멧돼지가 나타나는 경우가 있습니다. 멧돼지를 발견하는 경우 멧돼지를 흥분시키지 않도록 주의하시기 바랍니다.

1. 갑자기 등을 보이고 뛰어가지 마세요.
2. 멧돼지를 보면 비명을 지르지 마세요.
3. 새끼를 동반한 멧돼지를 건드리지 마세요.

❶ 출연   VS   ❷ 출현

멧돼지는 출연하는 걸까, 출현하는 걸까?
'출연'은 공연이나 무대에 나간다는 뜻이고,
'출현'은 무언가가 나타난다는 뜻이야.
그러니까 멧돼지가 공연이나 무대에 나가는 것이
아니라 나타나는 거니까 '출현'이 맞겠지?

12월 10일

글을 읽고 알맞게 분석한 친구를 고르세요.

분석평가

우리 주변에는 다양한 물체가 있어요. 이 물체들은 고체, 액체, 기체 세 가지 종류로 나뉘고 각각 다른 성질을 가지고 있어요. 먼저 고체는 모양이 변하지 않는 물체를 말해요. 돌, 나무, 책상 같은 것으로, 딱딱하고 모양이 고정되어 있어요. 물, 우유, 주스가 대표적인 액체예요. 액체는 그릇에 따라 모양이 바뀌지만, 부피와 양은 일정해요. 액체는 흐를 수 있어서 컵이나 병에 담을 수 있어요. 마지막으로 기체는 담는 그릇에 따라 모양도 변하고, 부피도 변해요. 산소, 이산화 탄소가 기체에 해당해요.

 ❶ 물체의 세 가지 종류를 분류하여 설명했다.

 ❷ 물체를 분류하기 시작한 역사에 대해 설명했다.

이 글이 어떤 구조로 쓰였는지 분석해 봐.
물체의 세 가지 상태인 고체, 액체, 기체를 분류하고 각각의 특징과 종류를 예시로 들어 설명하고 있어. 오늘 배운 물체의 세 종류를 기억하며 보이는 물건들을 분류해 봐.

❶ 답

다음 속담의 뜻으로 알맞은 것을 고르세요.

달걀로 바위 치기

 ❶ 겁이 몹시 나서 두려워진다.

VS

 ❷ 대항해도 도저히 이길 수 없다.

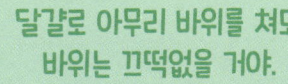

달걀로 아무리 바위를 쳐도
바위는 끄떡없을 거야.

이 속담은 아무리 대항해도 이길 수 없는 경우를 표현한 거야.
먼말이가 말한 내용은 '간이 콩알만 해지다'에 해당해.
먼말이는 날아오는 달걀에 맞을까봐
간이 콩알만 해졌겠는걸?

12월 12일

글을 읽고 알맞게 이해한 친구를 고르세요.

우리 몸에는 행복하게 해 주는 호르몬이 있어요. 바로 '세로토닌'으로, 우리 몸과 마음을 편안하고 기분 좋게 만들어 주는 중요한 역할을 해요. 세로토닌은 뇌에서 만들어져요. 이 호르몬이 많이 나올 때 우리는 행복하고 기분이 좋아지지만, 반대로 세로토닌이 부족하면 우울하거나 짜증이 나기도 해요. 그래서 세로토닌을 '행복 호르몬'이라고도 불러요. 세로토닌을 많이 만들기 위해서는 햇볕을 많이 쬐거나, 운동을 하고, 건강한 음식을 먹는 것이 도움이 돼요.

 ❶ 기분을 좋게 하기 위해서 햇볕을 쬐며 산책을 했어.

 ❷ 우울하거나 짜증 나는 건 세로토닌이 많이 나와서야.

친구들은 어떨 때 세로토닌이 나오는 거 같아?
이 글은 행복 호르몬이라 부르는 세로토닌에 관해 설명했어. 기분이 우울하거나 짜증 날 때 세로토닌이 많이 나온다는 ❷는 잘못 이해한 거야. 참고로 나는 친구들과 문해력을 수련할 때 세로토닌이 가장 많이 나오는 것 같아. 후후.

도전 347일 차

12월 13일

단어의 알맞은 뜻을 찾아 선을 이으세요.

어휘지식

단어

- 설레다
- 두근거리다
- 뜨끔하다
- 덤덤하다

뜻

- 마음이 가라앉지 아니하고 들떠서 두근거리다.
- 마음에 큰 자극을 받아 뜨겁다.
- 특별한 감정의 동요 없이 그저 예사롭다.
- 몹시 놀라거나 불안하여 가슴이 자꾸 뛰다.

마음이나 기분을 나타내는 단어를 많이 알고 있으면 감정을 전달하기 쉬워. 좋다고 표현하는 것보다 설레고 기쁘다고 표현해 보는 건 어떨까? 나는 우리 친구들과 문해력 공부를 해서 매일매일 얼마나 설레는지 몰라. 친구들도 그럴지?

※ 맨 뒤에서 정답을 확인해 보세요.

도전 348일 차

12월 14일

링컨의 연설문을 읽고 알맞게 이해한 친구를 고르세요.

통합해석

"우리 조상들은 자유와 평등의 원리를 지키는 새로운 나라를 만들었고, 이를 지켜 내기 위해 많은 사람이 희생되었습니다. 이제 우리는 이곳에서 싸웠던 그분들이 애타게 이루고자 염원했던 아름다운 나라를 만들려고 노력해야 합니다. 앞으로 우리가 헌신적인 노력을 기울일 때 우리는 모두 새롭게 보장된 자유를 누릴 것이며 국민의, 국민에 의한, 국민을 위한 정부는 지구상에서 영원히 사라지지 않을 것입니다."

 ❶ 링컨은 국민을 위한 나라를 만들어야 한다고 주장했다.

 ❷ 링컨은 조상들의 염원대로 이웃 나라와 싸워야 한다고 주장했다.

'국민의, 국민에 의한, 국민을 위한' 이라는 표현 들어 봤지?
민주주의 국가의 뜻을 설명하는 링컨의 유명한 말이야.
민주주의 국가의 국민으로서
올바르게 살아가는 태도를 갖자.

도전 349일 차

12월 15일

축제 포스터의 내용에 알맞으면 O, 알맞지 않으면 X 하세요.

탐색확인

평창 송어 축제

- 즐길거리: 얼음낚시, 눈썰매 등
- 기간: 2000. 12. 30.(금) ~ 2000. 1. 29.(일)
- 장소: 평창군 진부면 오대천
- 요금: 낚시 체험 20,000원~49,000원
  눈썰매 8,000원

❶ 축제는 겨울에 약 일주일 동안 진행된다. ( )

❷ 축제에서 낚시 체험은 무료로 진행된다. ( )

❸ 송어 축제에서 눈썰매도 함께 즐길 수 있다. ( )

평창에서 송어 축제가 열리나 봐!

우리나라는 일 년 내내 지역별로 많은 축제가 열려.
축제마다 기간과 장소, 즐길 거리가 다양하지.
축제에 갈 때는 포스터를 꼼꼼히 읽고 가야 해.
이번 겨울에는 평창에 얼음낚시 체험을 하러 가 볼까?

정답: ❶ X ❷ X ❸ O

도전 350일 차

12월 16일

빈칸에 들어갈 알맞은 단어를 고르세요.

어휘지식

친구야, 빨리 감기 ☐ !

 ❶ 나아 VS 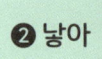 ❷ 낳아

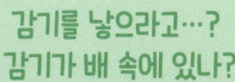

감기를 낳으라고…?
감기가 배 속에 있나?

'낫다'는 병이나 상처가 고쳐져 원래대로 돌아오는 것을,
'낳다'는 배 속의 아이, 새끼, 알을 몸 밖으로 내놓는 것을 뜻해.
위의 상황에는 병이 배 속에서 태어난 게 아니니까
'나아'로 쓰는 게 맞아.

도전 351일 차

12월 17일

❶~❹ 중에서 글의 내용과 어울리지 않는 문장을 고르세요.

❶ 고대 사람들은 밤하늘을 보면서 별자리를 관찰했고, 그 별자리에 신화와 전설을 연결했습니다. ❷ 이러한 별자리 신화들은 사람들에게 흥미로운 이야깃거리를 제공할 뿐만 아니라, 별자리를 기억하고 찾아보는 데 도움을 줍니다. ❸ 우주선은 우주에서 이동하는 인공 물체를 말합니다. ❹ 오늘날에도 별자리 신화는 천문학을 배우는 데 중요한 역할을 하고 있으며, 역사와 문화에 대한 흥미로운 깨달음을 제공합니다.

글의 전체 흐름에 알맞지 않은 문장이 숨어 있었어.

별자리에 관한 것을 알려 주는 글인데, 중간에 우주선이 있는 문장이 갑자기 등장했어. 그래서 ❸은 이 글에 어울리지 않아. 글 전체의 흐름을 파악하고 내용이 자연스럽게 연결되는지 분석하며 읽었다면, 문해력 고수가 되기까지 얼마 남지 않았군.

정답 ❸

도전 352일 차

12월 18일

관용어의 뜻으로 알맞은 것을 고르세요.

어휘 지식

발등에 불이 떨어지다

시험 일주일 전   시험 하루 전

 ❶ 발바닥이 뜨겁다.

VS

 ❷ 일이 몹시 절박하게 닥치다.

시험이 하루도 안 남았어. 급하다, 급해!
일이 급하고 절박하게 닥칠 때
'발등에 불이 떨어졌다'고 표현해.
우리 친구들은 문해력 공부를 틈틈이 해서
시험 하루 전날에도 걱정이 없지? 아닌가…?

도전 353일 차

12월 19일

가게 이전 안내문을 보고 알맞게 이해한 친구를 고르세요.

가게 이전 안내

소문난 김밥을 찾아 주시는 고객님들께 진심으로 감사 인사 드리며 가게 이전에 대해 안내 드립니다.

현재 위치 영업 종료: 12월 19일
이전 후 오픈 예정: 12월 중
가게 이전 위치: 경기도 ○○시 ○○로 웅진 빌딩 1층 웅진 마트 건너편

새로운 곳에서 새롭게 만나요.

 ❶ 12월 동안에 김밥을 사 먹을 수 없겠네.

 VS

 ❷ 마트 건너편으로 이사를 가는군.

먼솔이는 이전한 가게도 잘 찾아가서 김밥을 사 먹겠군.

12월 19일까지는 영업을 한다고 했으니까 12월 동안에도 김밥을 주문할 수 있어. 그리고 가게 이전 위치를 통해 마트 건너편으로 이사 간다는 것을 확인할 수 있지.

도전 354일 차

12월 20일

높임 표현을 알맞게 쓴 문장에는 O, 알맞게 쓰지 못한 문장에는 X 하세요.

어휘 지식

문장	O/X
❶ 선생님의 귀가 크시다.	
❷ 고객님, 음식 포장이세요?	
❸ 부모님께서는 걱정이 많으시다.	
❹ 손님, 맞는 사이즈가 없으십니다.	
❺ 손님, 주문하신 음료 나오셨습니다.	

사람이나 사물을 높여서 이르는 말을 '높임말'이라고 해.

높여야 할 대상의 신체 부분이나 마음, 소유물에 '-시'를 넣어 높임을 표현해. 하지만 물건의 크기(사이즈), 포장, 물건 자체는 손님이나 고객의 신체, 마음, 소유물이 아니기 때문에 '-시'를 넣으면 안 돼.

정답 ❶ O ❷ X ❸ O ❹ X ❺ X

12월 21일

글을 읽고 알맞게 이해한 친구를 고르세요.

어느 날, 제인 구달은 아프리카에 있는 숲으로 여행을 갔어요. 그곳에서 침팬지를 처음 만났고, 이 동물들을 더 깊이 연구하고 싶다고 생각했어요. 제인 구달은 침팬지들과 오랜 시간 동안 숲에서 지내며 침팬지들의 생활을 관찰했죠. 그 결과, 침팬지들이 도구를 사용하는 것을 발견했어요. 침팬지들이 흰개미 굴속에 꺾은 나뭇가지를 집어넣었고, 나뭇가지에 붙은 흰개미를 잡아먹었거든요. 그전까지는 사람만이 도구를 사용할 수 있다고 생각했는데, 이 발견으로 침팬지에 대해 새로운 사실을 알게 되었어요.

 ❶ 전에는 인간만이 도구를 사용한다는 고정 관념이 있었어.

 ❷ 동물들이 도구를 사용할 수 있다는 사실은 이전에 밝혀졌어.

제인 구달의 침팬지 연구에 대한 내용을 잘 이해했니?

고정 관념은 '잘 변하지 않는 행동을 주로 결정하는 확고한 생각'이야. 제인 구달이 침팬지의 도구 사용을 발견하기 전에는 사람만이 도구를 사용한다고 생각했어. 이게 바로 고정 관념인 거지.

❶ 답정

글을 읽고 알맞게 이해한 친구를 고르세요.

우리나라는 동짓날 팥죽을 만들어 동네 사람들과 나누어 먹는 풍습이 있어요. 붉은색의 팥을 액운이나 귀신, 도깨비를 쫓을 수 있는 음식으로 여겼기 때문이지요. 하지만 음식의 역사를 연구한 사람들에 따르면 동지는 밤이 가장 길고 추운 때로, 음식이 부족한 계절에 영양가가 많은 팥으로 죽을 끓여 많은 사람이 먹고자 했던 의도에서 생겨났을 거라고 추측해요.

 ❶ 음식이 부족한 여름에도 팥죽을 먹었겠군.

VS

❷ 날씨나 계절에 따라 음식 문화가 생겼군.

문해력은 다양한 배경지식을 쌓게 도와줘.

동짓날 팥죽을 먹는 이유가 겨울에 영양을 보충하기 위해서였다는 내용이야. 그러므로 날씨나 계절에 따라 음식 문화가 생겼다고 말한 ❷가 정답이지. 여름에 음식이 부족하다는 것은 이 글에서 알 수 없으므로 ❶의 내용은 잘못되었어.

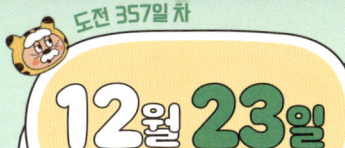

빈칸에 들어갈 알맞은 단어를 고르세요.

"오늘은 ☐ 기분이 좋은걸!"
"밥 먹어서 그런 거 아냐?"

 ❶ 왠지   VS    ❷ 웬지

'왠지'는 '왜인지'의 줄임말이야.
그래서 '왜'은 '왠지'에만 쓰이지.
웬은 '어떤' 또는 '무슨'의 의미야.
그래서 위의 문장에서 빈칸에는 '왜 그런지 모르겠지만'
이라는 의미로 '왠'을 쓰는 게 맞아.

❶ 왠지

12월 24일

안전 수칙 안내문을 읽고 알맞게 이해한 친구를 고르세요.

겨울 안전 수칙, 이것만은 꼭 지켜요!

학교에서
① 기침할 땐 휴지나 옷소매로 입과 코를 가려 주세요.
② 교실에서 적절한 실내 온도를 유지하고 창문을 열어 자주 환기해요.

등·하교 시
① 빙판길 사고를 예방하기 위해 주머니에 손을 넣지 않아요.
② 감기에 걸리지 않도록 목도리, 장갑, 마스크 등을 착용해요.

집에서
① 외출 후 집에 돌아오면 손, 발을 씻어 개인위생을 철저히 관리해요.
② TV, 인터넷으로 기상 상황을 확인하고 폭설 및 한파 경보 시 외출하지 않아요.

❶ 안전 수칙을 장소별로 안내해서 더 이해하기 쉬웠어.

❷ 겨울에는 손이 시리니까 밑줄 친 부분을 '넣어요'로 바꾸는 게 좋을 것 같아.

겨울에 지켜야 할 안전 수칙을 학교, 등·하교 시, 집으로 나누어 제시했어.
장소별로 안내해서 훨씬 더 이해하기 쉽지?
겨울에는 길이 미끄러워서 손을 주머니에 넣고 다니면 다칠 위험이 크니까 장갑을 끼도록 하자.

정답 ❶

12월 25일

글을 읽고 알맞게 이해한 친구를 고르세요.

호주와 브라질은 성탄절을 여름에 보낸다는 사실을 알고 있나요? 이 나라들은 지구의 남쪽에 위치해 있어서 우리가 겨울을 맞이할 때 여름을 맞이해요. 그래서 성탄절을 여름에 보내게 되는 거지요. 호주 사람들은 해변에서 성탄절을 보내는데, 가족과 친구들과 함께 수영도 하고 바비큐 파티도 열어요. 산타클로스도 두꺼운 옷 대신 시원한 반바지와 티셔츠를 입고, 서핑 보드를 타고 나타난다고 해요.

❶ 모든 나라에서 산타클로스의 모습은 똑같다.

❷ 나라의 위치에 따라 성탄절의 모습이 다르다.

메리 크리스마스, 친구들!

성탄절은 12월 25일이야. 이날 우리나라가 있는 지구의 북쪽은 겨울이지만, 지구의 남쪽은 여름이지. 또 지구의 중간인 적도 근처도 언제나 여름 날씨야. 같은 기념일이라도 지역에 따라 계절이나 날씨가 다를 수 있다는 것을 잊지 마!

도전 360일 차

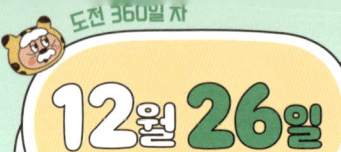
12월 26일

글을 읽고 사춘기를 겪는 친구의 행동으로 알맞은 것을 고르세요.

활동 적용

사춘기는 어린이가 어른으로 성장하는 시기로, 이 시기에 몸과 마음에 많은 변화가 일어나요. 보통 10대 초반에 시작해서 몇 년 동안 계속돼요. 여자아이들은 이 시기에 가슴이 발달하고 생리를 시작해요. 남자아이들은 목소리가 굵어지고, 얼굴에 수염이 나요. 그리고 감정이 쉽게 변하고, 부모님이나 친구들과의 관계에서 갈등이 생기기도 해요. 사춘기는 어른으로 성장하는 중요한 시기로 몸과 마음의 변화를 잘 이해하고 받아들이는 것이 중요해요.

❶ 중요한 시기니까 주변에 얘기해 도움을 받자.

VS

❷ 사춘기 시기에는 주변에 짜증을 내도 괜찮아!

이 글은 사춘기에 발생하는 여러 변화를 알려 주고 있어.
사춘기는 어린이에서 어른으로 성장하는 과정에서 겪는 변화야.
아주 중요한 시기이니까 주변 어른들에게 이야기하고 도움을 받는 게 좋아.
무작정 짜증을 내는 것은 옳지 않아.

12월 27일

글을 읽고 빈칸에 들어갈 알맞은 접속어를 보기에서 찾아 쓰세요.

접속어는 문장과 문장을 연결해 주는 말이에요. 접속어를 사용하면 글이 더 매끄럽게 이어지고, 문장을 더 잘 이해할 수 있게 도와줘요. 몇 가지 대표적인 접속어를 살펴볼게요. '그리고'는 앞 문장의 내용에 덧붙이거나 이어서 말할 때, '그러나'는 앞 문장과 반대되는 내용을 말할 때 써요. 앞 문장 때문에 어떤 일이 일어났을 때는 '그래서'를, 어떤 일의 이유를 설명할 때는 '왜냐하면'을 쓰지요.

> 보기   그리고   그러나   그래서   왜냐하면

❶ 나는 치킨을 먹었다. (   ) 피자도 먹었다.
❷ 나는 매운 떡볶이를 먹었다. (   ) 배탈이 났다.
❸ 나는 피자를 좋아해요. (   ) 동생은 피자를 싫어해요.

접속어는 문장과 문장을 이어 주는 말이야.
그래서 문장의 내용에 따라 접속어가 달라지는 거야.
접속어가 바르게 사용된 글은 이해하기 쉬워.
글을 쓸 때 문장의 앞뒤 관계에
알맞은 접속어를 쓰자!

정답 ❶ 그리고 ❷ 그래서 ❸ 그러나

일몰 및 일출 시간 그림을 보고 알맞게 이해한 친구를 고르세요.

 ❶ 일출 시간은 포항, 울산, 부산이 같다.

 ❷ 서해 쪽의 일출과 일몰 시간이 동해 쪽보다 빠르다.

'일출'은 해가 뜨는 거고, '일몰'은 해가 지는 거야. 지구는 둥글기 때문에 지역에 따라 일출과 일몰 시간이 조금씩 달라. 그림을 살펴보면 서해 쪽이 동해 쪽보다 일출, 일몰 시간이 늦는 것을 알 수 있어.

12월 29일

글을 읽고 알맞게 이해한 친구를 고르세요.

우리나라가 고려 시대였을 때 문화가 번영하여 많은 외국과 무역을 했어요. 특히 고려와 무역을 하던 나라 중에 중국, 아라비아 그리고 유럽의 상인들이 있었어요. 이 상인들이 고려의 이름을 외국어로 부르다 보니 '고려'가 점점 '코리아'처럼 발음되기 시작했어요. 그래서 외국 사람들은 고려를 '코리아'라고 부르게 되었어요. 고려는 오래전에 사라지고 그 뒤에 조선이라는 새로운 나라가 세워졌지만, 외국 사람들은 계속해서 우리나라를 '코리아'라고 불렀어요.

 ❶ 고려 시대에는 아시아 국가와만 교류했다.

 ❷ 조선 시대에도 우리나라는 '코리아'라고 불렸다.

우리나라를 '코리아'라고 부르게 된 역사적인 배경을 알려 주는 글이야.
우리나라가 고려 시대에 여러 나라와 교류했다는 것을 알 수 있어.
유럽 상인과 무역을 했으니 아시아 국가와만 교류했다는 ❶의 내용은 잘못되었어.

도전 364일 차

12월 30일

가로세로 어휘 퍼즐을 완성하세요.

가로 열쇠
① 물건값이 오르는 현상. 이때 돈의 가치가 줄어들게 됨.
② 신체적, 정신적으로 어른으로 성장하는 시기.
③ 별의 위치. 동물, 물건, 신화에 나오는 인물의 이름이 붙여져 있음.

세로 열쇠
❶ 마음이 가라앉지 아니하고 들떠서 두근거리다.
❷ 담는 그릇에 따라 모양과 부피가 변하는 물체. 공기, 산소, 이산화 탄소 등이 해당됨.
❸ 우리나라를 영어로 부르는 말.

※ 맨 뒤에서 정답을 확인해 보세요.

도전 365일 차

12월 31일

체크리스트를 확인해 보며 나의 문해력 실력을 점검해 보세요.

✓ 메타인지

체크리스트

	예	아니요
❶ 하나의 짧은 문장을 듣고 그대로 따라서 말할 수 있다.	☐	☐
❷ 긴 글(학년 수준에 맞는 책 1권)을 집중하여 읽을 수 있다.	☐	☐
❸ 글을 읽은 후 인물의 생각이나 행동에 대해 자신의 의견을 말할 수 있다.	☐	☐
❹ 글을 읽은 후 원인과 결과에 대해 설명할 수 있다.	☐	☐
❺ 글을 읽고 나서 자신의 생각을 바탕으로 평가할 수 있다.	☐	☐
❻ 글을 읽을 때 중요한 어휘나 문장을 찾아 밑줄을 그을 수 있다.	☐	☐
❼ 어휘의 의미나 개념, 사실 등에 대해서 상대방에게 설명할 수 있다.	☐	☐
❽ 관용어, 속담 등이 의미하는 바가 무엇인지 설명할 수 있다.	☐	☐
❾ 적절한 이유나 근거를 들어 자신의 생각을 표현할 수 있다.	☐	☐
❿ 글을 쓸 때 자연스러운 표현을 사용할 수 있다.	☐	☐

정답

1월 14일

1월 21일

2월 12일

2월 26일

3월 13일

3월 20일

3월 27일

4월 4일
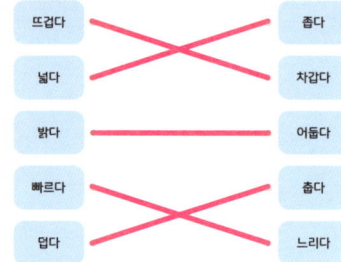

4월 25일

5월 3일

5월 24일

6월 1일

6월 29일

7월 21일
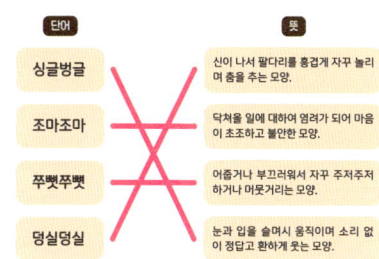

7월 28일

8월 5일
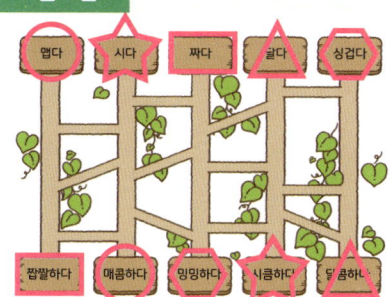

8월 26일

9월 3일
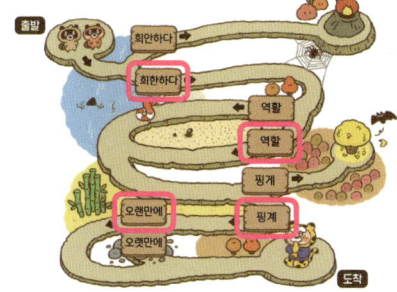

9월 5일

9월 10일

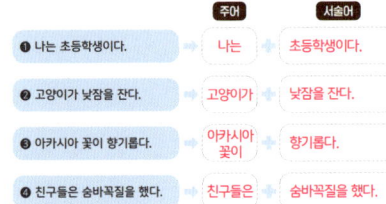

9월 24일

10월 2일

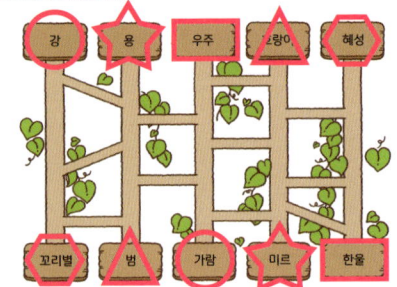

10월 16일

10월 30일

11월 7일

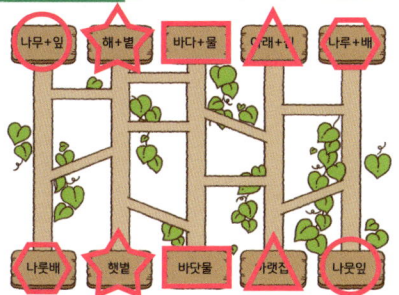

11월 14일

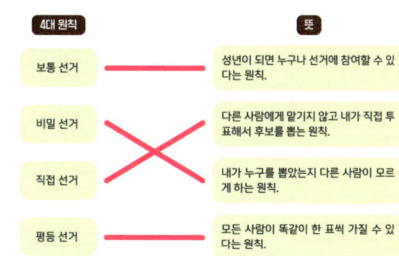

11월 28일

❶소	화	기		❷비	
탐				밀	
대		②순	국	선	열
실				거	
		❸추	식		❹추
		의			수

12월 6일

12월 13일

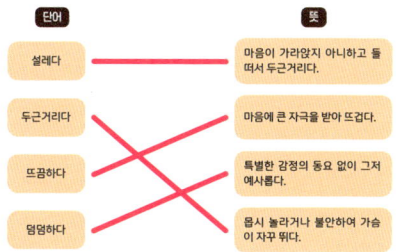

12월 30일

		❶설		
①인	플	레	이	션
		다		❸코
		③별	자	리
②사	춘	❷기		아
		체		

메모